Questo libro è inserito nella collana Amazon sulle opere dell'autore, con il numero 2.

1ª Edizione – Novembre 2000
Edizioni dell'Iride - Tricase (Le)
Stampa: TorGraf - Galatina (Le)

2ª Edizione – Novembre 2020
Stampa: Amazon
Impaginazione: Giancarlo De Giuseppe.

ALFREDO DE GIUSEPPE

A volte bisogna scrivere

1979-2000

Venti anni con Tricase

*A Virginia, Eleonora,
Giancarlo e Guglielmo che mi
hanno aiutato in questo lavoro,
sia ordinando e trascrivendo i
molti e confusi pezzi di carta,
che dandomi continuamente il
senso di tutto (anche quando
Guglielmo ridisordina tutto).*

Tricase è stata in questi venti anni il mio grande laboratorio. Da quando ho ricordi adulti, sono convinto che un posto vale un altro per vivere e morire. Per il mal di vivere non c'è un posto migliore dell'altro.

Per questo considero Tricase un luogo fisico, un luogo materiale (estremo sud-est d'Italia, 97 mt. sul livello del mare, 18.000 abitanti), ma anche una Macondo italiana, un posto dove scoprire la diversa umanità e divertirsi a tirar fuori le ipocrisie. Politiche e familiari.

Avendo scelto di fare l'imprenditore o comunque attività autonome già a diciannove anni, alla fine degli anni '70, non potevo che essere fuori dagli schemi. Fino ad allora infatti nel nostro paese, un diplomato con buoni voti, figlio di un buon impiegato statale, non poteva che diventare dottore, consulente o al peggio, impiegato all'università o alle poste. Gli imprenditori erano o ricchi latifondisti, figli di ricchi latifondisti o piccoli artigiani, che maledicenti la loro condizione, la accettavano come unica alternativa all'emigrazione (in attesa del posto alle poste). Ritenevo questa condizione di autonomia come l'unica in grado di garantirmi la libertà di movimento a tutto campo. Potevo parlare di politica senza avere timori referenziali, parlare e giocare a calcio, godermi le stagioni estive e dissertare sul turismo e sulla castità. Così pensavo. Potevo, con grande sollazzo, specializzare il mio personale laboratorio e pensare in grande, da Tricase. Non è un ruolo facile, ma certamente divertente e stimolante.

E quando sei così devi anche aspettarti delle attese di perfezione, che sono aspettative inutili, stando in questo mercato (spesso non-mercato), in questo Stato e in questo mondo.

Fare l'imprenditore con la voglia di dire quello che si pensa, e votare magari a sinistra perché vorresti un po' più di attenzione agli uomini come specie da salvaguardare e poi cercare di trasmetterlo in pratica, con la famiglia e gli amici, è per Tricase impresa che spiazza. *Se fossi a Teheran sarei sul patibolo, a Copenaghen sarei nella noiosa normalità. Qui non avere "protezioni" di nessun tipo è un grave errore, ma santi, politici e banchieri sono alquanto insopportabili. Anche se poi basta ottenere un qualcosa che è un tuo sacrosanto diritto per essere considerato comunque un "amico degli amici". Certo a Tricase, come in Italia, con questi presupposti si resta piccolo e forse anche questo è da considerarsi normale. Devi sempre decidere quanto vale il denaro, la tua famiglia e la partita di calcio del sabato con gli amici di sempre.*

Dire dei no decisi è sempre difficile ed ogni volta è un piccolo nemico, un piccolo isolamento. E con l'isolamento devi mettere in preventivo forti battute d'arresto e lente risalite, anche se accompagnate da tante belle cose. E poi inevitabilmente si cambia in venti anni, certamente un po' più solo, un po' più disilluso, un po' più attento nelle relazioni interpersonali. Anche se sei il più grande allenatore di calcio, miliardario e famoso, c'è il momento che devi giocare tutto da solo, proprio tu contro tutti, accettare nuove regole e rigiocarti tutto.

Tricase è stata sempre laboratorio di idee e di positive dissociazioni, anche quando per lavoro o per svago sono stato in altri posti, pietra di paragone di tutti i pensieri su una vita migliore. Partendo però da alcuni presupposti: non essere piagnone; considerarmi comunque fortunato come bianco-europeo-vincente; dubitare comunque dei superconvinti; non tentare di vivere fuori dalle nuove tecnologie che vanno conosciute, critiche, controllate e gestite.

In questa raccolta vi sono brani già pubblicati su alcuni periodici locali e altri, in corsivo, ritrovati fra i tanti appunti. Alcuni di questi sono una rilettura delle idee di qualche anno prima e comunque, per quanto privati, li ho ritenuti stati d'animo esportabili all'esterno.

*L'idea è arrivata un giorno tentando di mettere su un archivio. Potevo impostare questa pubblicazione sui temi dell'imprenditoria locale e delle sue difficoltà, su questioni sportive che pure mi hanno preso molto e per lungo tempo, oppure contrandolo su una lettura politico/sociologica tirando fuori vecchi dibattiti e verbali di assemblee. Il primo titolo ipotizzato era "**1980 – 2000, scritti su***

Tricase", ma sapevo di non voler creare l'idea di una schematica raccolta, ma spunti per un racconto, un canovaccio aperto. Un piccolo romanzo senza un nesso unico se non quello di vent'anni vissuti quasi pericolosamente in una quasi cittadina piena di tutto e di niente, a secondo del tuo umore. I pezzi sono gettati lì senza ritocchi, senza dare un senso politico complessivo e alcuni, seppur datati nelle problematiche e nelle proposte, riflettono fedelmente il pensiero del momento. E se sono, in alcuni casi, in contraddizione fra loro stessi, pazienza, io li ho accettati così come sono. Il titolo ***"A volte bisogna scrivere"*** viene dall'incipit mentale di molti pezzi, scritti d'impulso, magari in cinque minuti, o a scopo terapeutico o per esprimere più compiutamente un parere o un'indignazione, che altrimenti sarebbe rimasta sospesa. Ho scritto "a volte" e non sempre, non su richiesta o per impegno professionale, e quindi senza una costruzione preordinata ed esprimendo concetti forse non lineari nell'arco di tanti anni. Non cerco di dimostrare una coerenza, ma la voglia di non nascondere, di esprimersi di tanto in tanto con chiarezza, fuori dal pettegolezzo quotidiano, dalle facili battute.*

Rileggendo vecchi articoli e coglionerie varie mi è venuta una sola nostalgia: quando avevo la testa giusta per andare a Depressa o a Lucugnano, trascorrevi, senza telefonini, due o tre pomeriggi a parlare con tutti e scrivere qualcosa con lo stesso spirito di un inviato di guerra, che divagando sul tema, trova la vecchia bionda ossigenata che seduta sul ciglio della strada ti dice: "sto studiando da angela".

Tricase, Novembre 2000

Alfredo

Senza Traccia

Senza un dio per piangere,
senza un senso globale,
per un circolare vuoto
di volare alto, senza paracadute per frenare,
mai,
senza i soldi per andare
più alto
per una caduta più libera e veloce
che non lasci traccia.

1998

Metti una sera d'inverno

Tricase, nei mesi invernali, non offre certamente stimoli per la fantasia. O ci si accontenta (magari divertendosi) della ripetitività o si rischia una nevrosi peggiore di quella di una grande città. Incontri nuovi neanche a parlarne, i films buoni non esistono, la politica è per pochi. E allora si passa il tempo giocando a carte, polemizzando di calcio e raccontando dell'ultima ragazza conosciuta. Può capitare però, che un incontro casuale con tre ragazzi, amici da sempre, vecchi compagni di giochi possa all'improvviso risvegliare interessi e possa farti sentire che è tempo di raccontarla, questa maledetta storia. È semplicemente la storia di un paese, di una terra che continua nonostante tutto a vivere di emigrazioni, perché decidere a diciotto anni di "andare a fare il carabiniere" è decidere di emigrare.

È una lunga storia di sottocultura, di clientelismo ed è in ballo il solito, vecchio rapporto genitori-figli.

"Vedi – dice Roberto – io, Piero e Giuseppe lavoriamo alla Filanto di Patù da un paio di anni. Prendiamo trecentomila lire al mese e potrebbero essere tante si nostri genitori non pretendessero l'intera busta paga.

E inoltre dopo l'orario di lavoro in fabbrica (di per sé massacrante, con un servizio bus ridicolo) dobbiamo aiutare i nostri genitori a coltivare il tabacco o ad aggiustare questo o a fare quell'altro.

Insomma siamo liberi solo la sera verso il tardi, quando nei paesi nostri non c'è più niente da fare. Non possiamo praticare uno sport, abbiamo pochi divertimenti e sono quelli soliti – bar, cinema – che certamente non ci soddisfano più. Non ci restano che due vie: o fare esattamente quello che vogliono i nostri genitori o fare il carabiniere.

I nostri genitori accumulano soldi da vent'anni e ne hanno parecchi nascosti in qualche posto in attesa diventino casa".

Di fronte a queste dichiarazioni è difficile rispondere, ergersi a giudice o semplicemente tentare di avere un'idea.

Accenno alla proposta di lavorare la terra, visto che hanno i soldi e che possiedono molte terre, poco sfruttate. Dico che potrebbero lavorarla insieme e usando nuove tecnologie e sistemi di lavoro diversi.

Ma la loro risposta è vaga, l'associazionismo produttivo è fuori dalla loro mente ed è inutile fare esempi di altre nazioni, di altre regioni.

È ormai sicuro. Fra qualche mese partiranno ad ingrossare la schiera dei giovani che rischiano la pelle senza sapere il perché.

Salvatore, un lor amico partito sei mesi fa, è andato ignorante ed è tornato, dopo un corso approssimativo assolutamente convinto della grande "funzione" storica del carabiniere e del suo ruolo quotidiano che varia dall'oggettivo costante pericolo alla piccola rivincita personale.

Non hanno masi saputo, questi ragazzi, e difficilmente sapranno, cosa sono *Autonomia, Potere Operaio, B.R.*, la funzione dei servizi segreti nelle grandi stragi italiane, difficilmente sapranno distinguere uno spinello da una droga pesante. Sempre lontani dal comprendere repentinamente i cambiamenti delle masse giovanili (citazioni di Dalla e De Gregori al posto di Marx) saranno i più esposti, i parafulmini di tutti i mali di questa società.

Ma la pizza è finita, la serata anche, forse facciamo in tempo a farci una partita a biliardo, poi tutti a casa, domani si lavora, mestamente.

Domani ci sarà un nuovo attentato terroristico, un nuovo aumento, una nuova crisi petrolifera, un nuovo Khomeini.

..."Ma la televisione ha detto che il nuovo anno porterà una trasformazione che tutti quanti stiamo già aspettando"... (Lucio Dalla da "L'anno che verrà").

"Nuove Opinioni" – Dicembre 1979

Natio borgo selvaggio

Vedere Tricase a settecento chilometri di distanza (e da dentro una caserma dell'esercito) è un'operazione da tentare. E non è, francamente, il paese delle meraviglie.

Le immagini poetiche sono cancellate da ricordi più sobri. La nostalgia coinvolge persone care più che situazioni pubbliche o collettive. Tricase appare in tutta la sua mediocrità, in tutto il suo futile perbenismo. Ci sono stato una settimana, fra agosto e settembre, e l'estate si avviava verso la conclusione senza scossoni. Il solito bel tempo, il solito mare. Ah, si, c'era *l'affaire* dell'esproprio di Codacci Pisanelli! Davvero piccole cose. Cose da discutere "sotto l'orologio", fra un probabile marito cornuto e un sicuro omosessuale, più che dietro i tavoli della "seria programmazione".

È inutile negarcelo: siamo miseri nel nostro provincialismo. Le case vengono su senza criterio, il centro storico è periferia, il centro reale è squallido, non esiste verde pubblico, l'agricoltura è solo lavoro nero, le piccole imprese vivono alla giornata sfruttando la manodopera, l'unica occupazione è offerta dalla "Premiata Ditta Comune spa" (ognuno di noi ha investito qualcosa). Ma nel frattempo dobbiamo rallegrarci delle iniziative culturali, di una fantasia pari a Nicolini e Lizzani messi insieme, dei Festival dell'Unità e dell'Amicizia, tanto vicini alle feste di Sant'Andrea e San Luigi (e per fortuna il PSI non esiste se no ci toccava pure quella dell'Avanti!) e del fiorire di campeggi ed alberghi.

La nuova ricchezza non entra in tutte le case, non diventa bene di tutti, ma un privilegio di pochi, che arricchiscono le banche, che a loro volta arricchiscono i ricchi.

Oltre al mare, l'immagine più frequentata è quella dei nostri vecchi. Penso ad Angelo, in particolare, morto qualche tempo fa. Lo conoscevo da bambino, ma mi dicono, da trent'anni era lì seduto, immobile, senza interessi, fumando e sputando, bestemmiando di tanto in tanto contro i ragazzini che lo disturbavano. Stava lì, immutabile nel tempo, con il naso nero fumo e i capelli bianchissimi, ad aspettare, senza neanche dignità o qualche sorta di fachirismo, l'ora segnata-. Una presenza, nonostante tutto. L'immagine politico-culturale del Salento è questa. C'è, ma è immobile, restia ai mutamenti.

Ad essere realista, mi sembra che nei prossimi dieci anni questo panorama non possa cambiare. Le forze di sinistra sono più che mai nel limbo. Il PSI è pressoché sparito nelle ultime elezioni, dimostrando i propri limiti nel non sapersi dare una reale immagine laica e libertaria. Troppe volte i suoi voti sono stati i voti di fuoriusciti democristiani insoddisfatti in qualche faccenda personale.

Il PCI è un partito guidato da gente pronta e decisa ma che parla e ragiona con gli schemi di Togliatti, con un'idea verticistica che fa paura. Sono indietro, sempre pronti a mascherare le nefandezze di sinistra siano esse locali, nazionali o internazionali. E gli esempi non mancano. Il giovanilismo politico spontaneo non esiste più perché non ha più il supporto culturale che aveva cinque, dieci anni fa, perché a scuola conta di nuovo il voto, musica scema e televisione hanno rimbecillito. Della D.C. meglio non parlarne.

Tutti sanno tutto, tutti ne parlano, ma ognuno ha i propri interessi da difendere, i legami familiari da rispettare, una colpa da nascondere. Le iniziative culturali, tipo il cineforum, sono destinate al fallimento per una mancanza di chiarezza e di rinnovamento gestionali.

Può andar bene il cineforum, tipo sessantotto, a chi parla di musica SKA e chi vede al massimo i films di Dario Argento?

E possiamo accontentarci di uno spettacolo teatrale all'anno o di vedere sempre films porno o di karatè? Anche la rassegna bandistica ha entusiasmato e aperto vecchi ricordi ma quanto contribuisce al dibattito e alla crescita collettiva? Sono le solite parole eppure mi sembra più intelligente che mai ribadire che le trasformazioni culturali hanno una profondità che va al di là delle vuote forme politiche. C'è ancora qualcuno con la voglia di parlarne?

"Nuove Opinioni" – Ottobre 1980

Nascosti democraticamente

Giochiamo a nascondino
per pura democrazia,
c'è chi non può giocare a calcio,
chi non sa giocare a briscola,
chi non vuole allontanarsi da casa.
In quella cantina buia,
l'occhio ci si abitua,
dopo minuti di totale silenzio,
e nel frattempo succede di tutto,
risate soppresse, qualcuno piscia sui piedi.
Splendide giornate,
lunghe d'estate,
passate a nascondersi.

1998

Uno spazio da riempire

Il numero esce incompleto. mancano molti articoli. Mi è stato dato questo spazio e non ho idea con che segni riempirlo. mancano però molti articoli e ho pensato che era ormai ora di scriverli. Ho preso carta e penna e ho cominciato a tracciare un commento sulla situazione politica italiana, la corruzione, il disinteresse generale, le stangate fiscali, il terremoto, il risveglio del PCI, la paurosa ricerca del centro di Craxi, l'inflazione, la disoccupazione. Ho cercato di dare agli avvenimenti dei riferimenti paesani, di condirli di una buona dose di speranza, ma alla prima lettura il foglio era già nel cestino.

Ho pensato poi di scrivere la storia del Tricasino medio e attraverso le abitudini, i suoi lavori, primi e secondi, capire come va e dove va la nostra povera economia (industre cittadina, come saggiamente osserva il capo storico del DC), capire come e perché prospera solo il lavoro nero, capire perché è giusto che ognuno di noi sia evasore fiscale, come si continui nonostante gli attacchi dello Stato a sopravvivere. Era divertente scrivere dell'uomo che torna dal lavoro e va tranquillamente a ricominciare nel suo campo, a raccogliere meloni, a mangiarli al fresco d'estate, mentre uomini politici, ingordi e inefficaci, pensano ai governi "frastagliati" e a come riuscire a trarre il massimo vantaggio da ogni legge, da ogni azione. Avevo intenzione per un attimo a ripercorrere le strade di quei professori americani che spiegano le cose, dalla storia alla chimica, partendo dalle piccole storie quotidiane. Mi sono detto poi che non ero un economista-sociologo e che non potevo affrontare un tema così denso di cifre, riferimenti, statistiche.

Mi sarebbe piaciuto scrivere di sport e che a tutti va bene così, o solo per raccontare delle storie simpatiche o semplicemente per affermare che fare sport non limita e non deve limitare le altre sfere, dal sesso al lavoro. Mi è venuto però il dubbio che mi sarei chiuso nel ghetto dello sport, con il mio articolo accanto alle notizie dell'Unione Sportiva Tricase, delle immani indecisioni della sua dirigenza. Molto accattivante l'idea di scrivere sull'informazione, sui giochi alla *RAI*, sulla *Gazzetta*, sul *Quotidiano*, sulle radio "libere". Scrivere sull'informazione come la scienza più moderna e sofisticata e sugli scompensi che essa crea, anche a Tricase.

Fare il bilancio del 1980 attraverso i vari terrorismi, per capire quali trasformazioni siano avvenute in esso, quali risultati hanno prodotto le confessioni, le bombe, i sequestri. Telefonare a qualche uomo politico e chiedere previsioni sul 1981, telefonare a un generale e chiedere quando scoppierà la guerra Parlare di cinema, dei tanti bei films in giro e poi dei film-porno-madre-figlia-suocera-cagna in programmazione a Tricase, e poi indifferentemente di Woody Allen e Angi Vera.

Oppure di musica per scoprire gli equivoci, le battute e le speranze, le cose magnifiche e inascoltate di questi anni ottanta. E poi invece ho detto basta. Non c'è niente da scrivere, tutto è stato detto. Si può solo tentare di riempire questo spazio. Un amico mi scrive: "Il fatto è che tu vuoi fare del Salento una nuova California, quando la "California" non c'è più neanche in California".

E poi, dico io, ogni cosa è talmente intersecata con le altre che per scinderle bisognerebbe amarle di più! Ed io (come tanti) non sono sicuro di esserne capace.

"Nuove Opinioni" – Dicembre 1980

Garibaldi a Tricase

Mai un centenario era stato ricordato tanto. Garibaldi è in tutte le librerie, nei negozi di moda, è il monopolizzatore di tutte le manifestazioni culturali dell'anno. Da ogni paesino sembra essere passato questo prode eroe, ogni partito lo reclama suo fondatore, ogni intellettuale ci dice se era buono, schietto, leale o truce, furioso, inutilmente spavaldo.

Ma nessun libro di storia diche che Garibaldi passò da Tricase. Correva l'anno 1860, Garibaldi aveva liberato la Sicilia e la Calabria, a Bronte aveva ucciso un po' di contadini (che così si sentirono ancora più liberi), aveva vinto numerose battaglie e altre ancore le aveva vinte senza combattere. Era un po' stanco, insomma. Era stanco di dover dire tante parolacce a quel nobile di Cavour e poi scrivergli: "Obbedisco" (cosa avrebbe raccontato altrimenti la storia?), ed era stanco di sentirsi chiedere dove fosse stato più eroico in Uruguay o in Italia.

Fra i Mille c'era un figlio di tricasini emigrati a Genova e vedendo il suo eroe così depresso (neanche l'ebbrezza della vittoria dà la piena serenità) gli propose di allungare un po' e di venire qui a Tricase, nel *finibus terrae*, dove viveva ancora una zia. Giuseppone era un uomo dalle decisioni rapide, sellò la sua cavalla e dopo pochi giorni riposava beatamente, lontano dal mondo, a Tricase. Nessuno per centoventi anni ne ha saputo niente. Del resto il nostro eroe, desideroso di fare storia, sapeva quali notizie dare alle stampe, quale cronaca avrebbe fatto clamore. Ma, ciò nonostante, Garibaldi, nei due giorni che riposò a Tricase, si rese conto del futuro turistico di questa zona, consigliò la costruzione di un porto o magari due e indicò in quali zone si doveva edificare la nuova città, dopo l'unità d'Italia.

Venne qui per riposarsi ma il suo attivismo lo portò a fondare la locale sezione del Partito Socialista, la Pro-Loco e la Società di

Storia Patria, fiore all'occhiello della cultura tricasina e che un giorno avrebbe cantato le sue tranquille gesta paesane.

Perché non festeggiare, a mono nostro, s'intende, questo immenso centenario?

"Appunti per un convegno su Garibaldi" – Dicembre 1980

Un caporal maggiore antimilitarista

Parlare di antimilitarismo mentre si presta servizio militare è perlomeno grottesco, pensare poi di poterlo praticare è frutto solo di una fertile fantasia. Cercare di capire la nostra posizione, abituarsi ad analizzare le nostre condizioni, discutere e proporre sono invece delle necessità vitali.

è chiaro che noi siamo solo le pedine di un gioco molto più grande di noi, anche più grande dei nostri comandanti, ma dovremmo sapere che il mondo investe sempre più denari in armi, atomiche e tradizionali, e che solo l'Occidente ha quadruplicato le proprie spese dall'ultima guerra fredda. Oramai le armi sono la valvola di sicurezza dell'intera economia occidentale, da contrapporre al petrolio, e sono quindi la controprova inappellabile della militarizzazione della società. Le spinte autoritaristiche aumentano sempre di più in tutto il mondo e sempre con ragioni mistificate. In Italia una motivazione è data dalle Brigate Rossi, al servizio di chi vuole uno Stato più duro, o di che in definitiva, vuole ridurci sempre e comunque a semplici marionette. Questo è un gioco infernale, su cui si gioca il futuro, il nostro futuro e quello dei nostri figli (?).

I giornali e la Tv fanno la loro parte facendo credere leggi immutabili, regolamenti ovvi delle cose che invece sono inutili o che andrebbero almeno ridimensionate.

In questa situazione ci inseriamo noi, giovani violentati per un anno dai nostri sogni, dai nostri piccoli progetti e scaraventati in una città fredda e lontana, viviamo in condizioni allucinanti, obbediamo a ordini ridicoli (tagliarsi i capelli, portare il basco, le scarpe lucide, la mimetica pulita e le mutande sporche) e assistiamo impassibili a tutte le storture del sistema. Ora, bisogna dire che qualcosa è cambiato, sotto l'onda del rinnovamento suscitato dalle proteste degli anni 68-70 e che le leggi sono tutt'altro che immutabili e si relativizzano agli uomini e all'epoca. Ma per cambiare bisogna discutere, stare attenti, non farsi prendere in giro dalla falsa democrazia del COBAR e soprattutto cambiare noi, fare noi: finché l'esperienza accumulata nei lunghi mesi dell'anno non sarà al servizio dei nuovi arrivati, ma sarà la prevaricazione principale a qualsiasi tipo di amicizia e confronto, il servizio di leva sarà sempre l'estenuante, infernale "anno che non passa mai".

Finché si conteranno sempre i giorni che mancano al congedo e mai le trasformazioni che siamo riusciti ad operare ed imporre, la naja sarà sempre un anno perduto. Ho un momento di fiducia universale (che costa averla?) ma dobbiamo pensare che questa stortura possa cambiare, possa muoversi fino ad arrivare ai reali desideri dell'uomo. Non saremo noi a rinnovare tutto, ma forse cento, mille di noi…

Lettera a "La Repubblica" – Febbraio 1981

Caro Mazzola

Caro Mazzola Sandro, classe 1942,
ti vedo in tv rispondere pigramente
ad un inutile intervistatore
e vedo (e come se vedo)
il tuo baffo sempre più incerto.
Ti scrissi che avevo sei anni
e volevo la tua maglietta (il merchandising non esisteva),
non mi hai mai risposto
e mio padre per anni
mi ha ripetuto
che ricevevi troppe lettere.
Per anni ho continuato a giocare
da solo
contro il muro,
e mi raccontavo, con l'incidere del radiocronista,
intere partite,
lunghe un pomeriggio,
in cui io ero Mazzola e il muro la porta.
Il muro era piccolo
ed io divenni sempre più preciso,
fino ad essere chiamato Mazzola.
Ti studiavo
in ogni movimento, scatto, dribbling, leggera gobba,
ti vedevo
allegro, gentile, veloce, intelligente
e quando sarei potuto diventare un calciatore vero
io non ci credetti più,
non ero al tuo livello,
troppo conscio dei miei limiti.
Il paragone con quel nome
ha distrutto un buon centrocampista.
Ora tu fai un quasi niente
in una mega squadra

e mi sembri molto triste,
come tutti gli intelligenti
che da grandi non hanno capito cosa fare.
Ma io innamorato
di quel pallone sul muro,
sono comparso solo due volte sul giornale,
non accetto il tuo baffo smorto,
e per ricominciare da grande,
aspetto ancora
la tua maglietta.

1997

Pirandello a Tricase

Martedì 21 Aprile, appuntamento teatrale con "Pensaci Giacomino", messo in scena dal gruppo "La Lucciola". L'incontro ha dato notevolissimi spunti di discussione.

Già all'interno della sala si dibatteva animatamente sulla scelta di una commedia di Pirandello e sull'opportunità del prologo e (soprattutto) dell'epilogo, sulla recitazione, su una nuova potenzialità espressiva. Da un po' di anni abitatuati ad intendere il teatro tricasino come il teatro del puro gioco, siamo stati costretti a parlare, a discutere su qualcosa che in fondo non appartiene ancora alla cultura di paese.

Vorrei, per ora, limitarmi a questo, a riconoscere la positività dei nuovi stimoli. è giusto fermarmi qui perché tutto l'insieme, le evidenti dissonanze fra i diversi momenti interpretativi, gli sconcertanti monologhi alla Carmelo Bene, la smisurata melodrammaticità, l'accorato richiamo all'intelligenza, avranno bisogno di limature, sgrossature, ridimensionamenti che solo nelle prossime rappresentazioni potranno avere la loro giusta dimensione. Solo quando dal calderone verrà estratto il succo, si potrà mettere in scena qualcosa che abbia il ritmo teatrale giusto, e che, soprattutto, sia vicino allo spirito e all'elaborazione del gruppo senza far ricorso a retoriche declamazioni.

Per intenderci, fa una certa differenza salire sul palco e dire: "Quanta sofferenza, quanta solitudine, il paese mi stritola", e far toccare invece con mano tutte queste sensazioni attraverso una commedia ben congegnata, ben interpretata e ben diretta.

Perché, insomma, non trasmettere i fermenti, i dubbi, l'elaborazione originale, che il gruppo ha dimostrato di avere, anche nella scelta, nell'interpretazione e nella trascrizione di una commedia pirandelliana? Forse con maggiore approfondimento interno non si sarebbe optato per "Pensaci Giacomino" che era destinata a diventare, anche per una predisposizione culturale del pubblico, la traduzione italiana delle varie commedie dialettali.

Mi sembra, ad ogni modo, che lo possibilità per riuscire ci sono

tutte, le capacità pure, le attrezzature necessarie verranno.
Basta non farsi prendere dalla foga di fare tutto, subito e bene.

"Nuove Opinioni" – Aprile 1981

Barocco leccese a Roma

Toh. Lecce dove non ti aspetti. Arrivi a Roma di primo mattino.

La primavera rende Roma ancora più bella, grandiosa. Sali sul bus che porta una marea di gente verso il centro. Tanti americani e tanti giapponesini, tutti con la macchina fotografica. Piazza Venezia è ancora più bianca, il riflesso dei marmi dell'altare della Patria posa sulla piazza. Di sfuggita ti sembra di intravedere Lecce, scritto da qualche parte. Scendi alla prima fermata, torni indietro e vedi dal famoso balcone del duce scendere un vistoso drappo rosso "Azienda di soggiorno e turismo: Lecce". Sali incuriosito. Per le scale altri cartelli "Mostra fotografica barocco leccese". Prezzo all'ingresso £.1000. Gratis per chi ha meno di 20 anni. Pensi che non fa tanto male nasconderti qualche anno, ogni tanto.

Nelle prime stanze incontri tutte le armi, gli elmi e le corazze della storia d'Italia, nelle ultime tre c'è Lecce.

Ancora ti chiedi: "Possibile che i nostri operatori turistici abbiano imparato l'arte della pubblicità, che abbiano la volontà di parlare di qualcosa che non sia il mare?". Pare proprio di si.

Una bellissima mostra fotografica con grandiosi ingrandimenti delle parti più belle di Lecce. E poi soprattutto un curatissimo filmato. Voce di Oreste Lionello, ottimi colori, musica del '500. Se non conoscessi Lecce me ne sarei innamorato. La scultura è movimento, ricerca dell'insolito, del nuovo. Tutto passa attraverso il movimento delle ombre e delle luci. Oltre a Lecce vengono brevemente inquadrate le cittadine di Nardò e Tricase. Di Tricase è una carrellata che parte dal Tempio per concludersi su Piazza Vittorio Emanuele. Accanto a me ci sono due scolaresche. Un ragazzo chiede: "Professò! Ma chi ci è andato a fare tutte 'ste cose laggiù?". Il professore ride ma forse non sa davvero dare una risposta.

Il barocco leccese non è il barocco dei maestri, del Bernini, del Borromini, del Longhena, ma un barocco più artigianale, più comportamentale perché era entrato nell'uso comune. Era la dolcezza della pietra lecce a dare più facilmente corpo alle fantasie e alle, a volte inutili, creatività del barocco. Il filmato è finito. Sull'ultima immagine c'è scritto che tutte le opere viste sono tenute nel più completo abbandono e che aver mostrato tutto in maniera spettacolare non significa chiudere gli occhi alla realtà ma dimostrare a tutti le profonde radici e la potenziale vitalità della civiltà salentina. Ritorni indietro. Ad un tavolo regalano poster di Santa Croce e dépliant sulla provincia, li distribuisce una bella ragazza lecce. "Piace a tutti sai". È un po' meravigliata quando le dico che sono di Tricase. "Molti stranieri specie americani mi chiedono dov'è la Puglia, non l'hanno mai sentita nominare". Eppure anche la California era una sperduta penisoletta…

"Nuove Opinioni" – Aprile 1981

La fuga dei cervelli

Un libro di Herman Hesse narra la storia di un giovane brillantissimo studente. Completamente succube del padre e dei professori, si allontana sempre più dalle gioie infantili e dalle piccole scoperte quotidiane per inseguire sogni di primati scolastici. Quando la vita si presenta nella sua crudezza, non riesce più a studiare, è costretto a lasciare il collegio santuario della cultura borghese, tornare a casa e tentare di lavorare. Ma ormai i suoi contatti sono molto labili, i suoi tentativi ridicoli e goffi. Sparisce, una sera di nebbia, lungo il fiume.

Come non pensare, ora, ai tanti studenti universitari dei nostri paesi, partiti all'assalto delle città del nord, decisi a conquistare una laurea, una vetrina, un posto al sole? La nostra cittadina dovrebbe essere continuamente sollecitata all'approfondimento da parte di persone che invece sono disperse nei meandri delle strutture universitarie.

Le domande sono tutte legittime. Le nostre scuole superiori hanno sfornato in venti anni di esistenza, oltre cento super studenti (quelli da 60/sessantesimi per intenderci) eppure non vi è traccia di loro nella politica, nei dibattiti, nelle iniziative culturali, sui giornali. Sono tutti pacifici impiegati di banca?

Dei tanti studenti che strisciavano sotto i striscioni "di rabbia", cosa si sa? Verranno, alcuni di loro, a farci i comizi rionali quando le elezioni saranno vicine? Oppure si sentono tutti dei guerrieri stanchi, delusi dal mondo e desiderosi soltanto di una tranquilla vacanza sugli abusivismi della nostra cosa?

Per quanti di loro le uniche battaglie sono diventate la mensa universitaria, il letto e il fumo, per poi tornare fra qualche anno, a casa vincitori, in cerca di lavoro e serenità?

Quanti ancora considerano la laurea uno strumento di avanzamento e prevaricazione sociale e mai un messo insostituibile per capire la propria terra, allargare i propri orizzonti?

È una questione di impegno e fantasia, al di là della materia che si studia. Davvero la struttura è così imponente, la città così devastante, la società così brutale da inghiottire qualsiasi pensiero, da obbligare agli insulsi schematismi della moda? Anche lo andranno in giro con il registratore alla cintola e la cuffia al collo? Quanti dietro il silenzio nascondono un bieco opportunismo? E quanti si nascondono dietro il dito delle "troppe esperienze diverse"?

Queste quattro righe semiserie sono venute giù da sole, in cinque minuti ricordandomi di una discussione avuta un tempo con un amico che mi disse: "Ritornerò a Tricase quando i tempi saranno più vicini alla rivoluzione".

Un altro avrebbe potuto dirmi: "Ritornerò per fare un sacco di soldi" ma il senso non sarebbe cambiato.

Forse sono già dissolti nella nebbia.

"Nuove Opinioni" – Aprile 1981

Conversazioni bolognesi

Stava in San Petronio con aria troppo professionale per essere un turista.

- Mi scusi – feci – come si misura il tempo con...
Mi investì.

- Ma che tempo e misura. Questo non misura un bel niente. Voi turisti, superficiali e fotomani, volete trovare orologi dappertutto. Ebbene, questo non è un orologio, ma l'opera grandiosa di un insigne matematico che rileva il grado di spostamento dell'asse terrestre. Altro che orologio...-

Tentai di fargli capire che non ero un turista, ma dovevo stare attento. Dirgli che ero a Bologna a fare l'artigliere in una puzzolente caserma in via Due Madonne, poteva essere anche peggio. Si vedeva, però, che era un signore. Portava un vestito cucito per lui, rigato notarile, sobrio, portato con l'eleganza di chi l'ha sempre avuto.

L'ombrello non gli dava nessuna aria inglesizzante, perché nel suo portamento c'era il latino e il greco, nessuna concessione al moderno. E poi quella testa dalla fronte così precisa e netta denotava la particolare genia di emiliani, che non so decifrare, ma che li riconosci subito sulla bicicletta ad un chilometro di distanza.

- Senta, lei può essere uno studente o che diavolo vuole, ma io non approvo che si parli di orologi.-

- Ma guardi che io...-

- Va bene, va bene. Il fatto è che sono arrabbiato. Ho insegnato quarant'anni all'università, ho fatto tante pubblicazioni eppure Bologna è sconosciuta. Prendiamo Firenze, ha un centro storico ridicolo rispetto a Bologna, un paio di chiese buie, eppure Firenze è considerata una città più bella di Bologna. Ma si rende conto lei?-

Io lo guardavo stupito. Non ero preparato ad una campanilistica discussione di storia dell'arte, quel giorno.

- Ma lo sa che Bologna ha quarantasette chilometri di porticato, lo sa?-

- No – dissi – non pensavo fossero tanti-

- Tutti così. Padova mi fa ridere con i suoi quindici chilometri di porticato, solo ridere. E Torin, poi, con quei suoi stupidi porticati

dell'Ottocento, è solo tetra.-

- Forse ogni città ha una sua caratteristica – azzardai

- Ma no, Bologna è semplicemente sottovalutata per quel che è realmente. Ha un infinità di torri, e voi, che fate? Andate a fotografare sempre quelle lì perché sono nate storte. Mi crea Bologna ha il problema della cartolina con le torri degli asinelli, con le tagliatelle e le belle tette. Si sente parlare solo di loro in giro. Mai uno che ricordi che l'università è la più vecchia del mondo, più vecchia della Sorbonne di Parigi. Bologna, centro della cultura e della civiltà. Tutti i grandi scultori e pittori hanno studiato anatomia a Bologna e le dirò di più, pittori come il Costa andrebbero valutati almeno come certi grandi, tipo Michelangelo.-

- Addirittura?-

- Certo, hai mai visto le donne della Cappella Sistina? ;o sembrano tutti lanciatrici del peso. Non sono donne perché per lui uomini e donne avevano la stessa struttura fisica. Invece per il costa la donna è donna, mio caro, e si vede. Aveva studiato a Bologna, lui. E poi non doveva essere proprio un coglione per prendere il posto del Mantegna acca corte di Mantova.-

Dissi: - Forse Bologna è una città più pronta ai richiami del commercio che non a quelli dell'arte.-

Il professore non era d'accordo, naturalmente.

- No, no, non posso crederlo. Anche Firenze è una città commerciale, lo è sempre stata.-

- Cosa gli manca allora?-

- Non so proprio. Guardi questa chiesa per esempio. È la più bella che ci sia. Per me l'arte non è il fronzolo inutile del barocco, ma l'uso sempre nuovo, spregiudicato, della struttura architettonica.-

In quei pochi mesi di Bologna rividi altre volte il professore passeggiare nei pressi di Piazza Maggiore e mi aiutò a superare il grigio della caserma, raccontandomi aneddoti e indicandomi archi e finestre. Mi sottomise ad astuti calcoli matematici per magnificare la luminosità della sua chiesa al paragone del buio delle altre. Questa era la sua vera specialità. Dimostrare la priorità di Bologna, miscela unica di cultura, arte e tolleranza. Io non chiesi mai il suo nome e lui non chiese mai niente di me.

1981

Il muretto ovvero il pianto

Se un giorno dovessero fiorire leggende sulla Tricase di oggi un posto considerevole avrebbe certamente il muro delle lamentazioni di Tricase Porto. A Gerusalemme, il muro delle lamentazione, meglio conosciuto come il muro del pianto, è oggetto di culti e di pianti da parte degli ebrei di oggi, che vi intravedono l'antica ricchezza culturale e sociale. A Gerusalemme è stato stabilito un giorno, il venerdì, per le lamentazioni, mentre a Tricase Porto l'accesso è libero, dalle 19 alle 24 di ogni sera, da Giugno a Settembre. Nella leggenda si penserà ad un qualcosa di mistico, ad un rito strano ma spiegabile a gli storici si butteranno in studi forsennati per dare un'interpretazione sempre più esatta. Ed è solo questa piccola esigenza di storicità che mi spinge a scrivere queste righe. Il muretto è uno dei pochi punti d'incontro pacificamente accettato dai genitori, per far accoppiare i propri figli (e sappiamo quando ci tiene la buona borghesia).

È l'unico posto di Tricase (quei 20 metri per 4) che dia l'impressione di una riviera turisticamente attrezzata e, francamente, fa piacere. È la trasposizione fedele dei vari angoli del pettegolume della Tricase città. Dà il senso del vuoto culturale che ha colpito Tricase qualche millennio fa. È il posto in cui pubblico e privato si fondono mirabilmente su uno sfondi perenne di alienazione e qualunquismo. Vari studi e tesi di laurea stanno comunque tentando di dare spiegazioni più approfondite, con interviste al proprietario del bar, ai frequentatori del circolo nautico e a vari giovani, avviliti da questa cittadinanza e felicissimi ogni anno di poter espletare il loro dovere di "murettari".

Che ognuno di noi vada a piangere la propria inutilità?

"Nuove Opinioni" – Luglio 1981

Artigianato o lavoro nero?

Un paese che ha perso la possibilità negli anni '60 e '70 di avere uno sviluppo più consistente e più programmatico e di operare un salto di qualità nelle condizioni di vita, si pone il problema dell'artigianato. Questa terza mostra artigianale più che tentare una soluzione, sembra voler mostrare tutta la pochezza ed il pressapochismo che muovono il settore.

A Tricase è esplosa da dieci anni l'edilizia eppure non c'è costruzione concepita come moderna bottega artigianale: il garage diventa falegnameria, la casa in costruzione è la fucina del fabbro. A memoria d'uomo non si ricorda un solo corso artigianale organizzato da un qualsiasi ente locale.

L'apprendistato non esiste. Decine di mestieri stanno scomparendo, penalizzando un economia locale che non è industriale ma che non è più contadina.

L'artigianato che viene fuori da questa mostra è un artigianato che stenta a passare dal folklore al pieno consumo ma soprattutto stenta a passare dall'idea casalinga ad una concezione più moderna di produzione.

Prendiamo la lavorazione dei filati con le decine di pizzi, copricoperte che sono esposti: non vi è rappresentata una sola ditta che lavori e venda a titolo personale. O meglio dire svendono il proprio lavoro a quei mercanti di passaggio che da decenni acquistano le loro lavorazioni per prezzi ridicoli.

Le donne sono coscienti di questo ma sanno anche che è l'unico modo che garantisca loro una certa continuità di vendita.

Artigianato qui è ancora lavoro nero, mercato nero. Intano l'associazione artigiani non si fa sentire, non esiste se non nel periodo elettorale.

L'Amministrazione comunale aumenta fra gli artigiani un eccessivo individualismo e tante piccole invidie che lacerano ogni rapporto, ogni possibile programma. Ed a questo si conduce lo snobbamento degli artigiani di questa rassegna. Del resto le nostre Amministrazioni non hanno mai brillato in lungimiranza e non si può pretendere ora che, con un discorso isolato come quello della mostra, si dia un impulso decisivo al nostro artigianato. Gli artigiani, dicevamo, sono latitanti (sono pochissimi se si considera che la mostra vuole avere carattere zonale) né nei presenti si nota uno sforzo di fantasia, né si vedono slanci di entusiasmo.

Indino, che sta tentando di alzare il livello qualitativo della lavorazione del cemento, è uno degli artigiani più giovani "Francamente sono scoraggiato" – ci dice – "ho lavorato da solo come un matto per presentare queste novità ma non mi sento aiutato, nessuno spinge le nostre opere. Io venderò sempre così poco e con così poca continuità che è impensabile che possa dare lavoro a qualcuno. Che devo fare? Cercare a tutti i costi il posto fisso o diventare vecchio così, sena né la voglia né la possibilità di avere qualche soddisfazione in più del mio lavoro?"

"Nuove Opinioni" – Luglio 1981

Dilettante

Nelle giornate migliori degli anni settanta,
il dribbling è secco,
destro, sinistro, lancio lungo.
Un talento dilettante.
Dilettante
come nei soldi,
come padre, marito, amante
tycoon, fotografo, registra,
scrittore, lettore,
hi-tech, musica,
politica, computer,
modem e futuro.
Penso al professionista
che scrive un trattato su Silvio Pellico,
senza leggere Henry David Thoreu,
che proclama poesie
senza conoscere Borges,
che si specializza in finanza
sottraendo a qualcuno,
che va in tv
a presentare i quiz,
che è dirigente di un ufficio registro,
che fa il commercialista,
che fa il dottore, l'avvocato
e il giornalista laureato che parla
dei messapi senza cercarli,
penso a loro,
li stimo e li invidio,
professionisti di qualcuno.
Ti vedo e ti materializzo
splendido dilettante che cambi
ogni giorno,
orfano della quotidianità dichiarata,

guerriero inquieto (e dilettante),
un po' disperato e perdente,
un po' divertito.

1997

Così è, se vi pare

Un paese da Vaudeville non può che essere governato dalla Democrazia Cristiana.

In un paese dove il grottesco è andato molto al di là del mene e del male, dove la fantasia non esiste, dove gli esperti della programmazione culturale ed economica si informano ogni giorno sul "Corriere dello Sport", non si può che considerare riuscita questa "Festa dell'Amicizia".

Abbiamo finalmente scoperto cosa significhi essere un intellettuale organico della D.C. (diglielo quanta fatica, Antonio Andrea Ciardo) e abbiamo con certezza saputo che Cosimo De Benedetto sarà il nostro futuro – molto prossimo, quasi presente – gerarca, che "gli uomini della D.C. sono da invidiare", che De Gasperi e Moro sono stati solo grandi statisti più che ottimi uomini di partito, che la Democrazia Cristiana non litiga mai e se lo fa è per il bene dei cittadini o per puro caso.

Dopo aver appurato tutto questo, dopo aver sentito per mille volte che "questa è Tricase e non ci puoi fare niente", che "l'italiano resta sempre italiano", dopo essermi divertito tanto e ritrovato il gusto della politica, non rimane che prendere una decisione globale e definitiva.

Lottare per tutta la vita perché la D.C. conquisti finalmente il 100% dei voti, unica vera soluzione per placare ogni coscienza.

Così è se vi pare, l'umanità!

"Nuove Opinioni" – Settembre 1981

Appunti di un'estate

Ho visto una bella Tricase, quest'estate. Più della confusionaria e inutile marina, Tricase diventa d'estate più vivibile e puoi trovare gli stimoli per scoprirci delle cose nuove o puoi divertirti a farla più bella, immaginandola senza la statua di Pisanelli su quella piazza, senza una catapecchia, con un po' di alberi, un'isola pedonale da un'altra parte, un orchestrina vicino al bar. Poi ci sono le osterie che sono una gran bella cosa e che prima o poi verranno riscoperte.

Poi, di tanto in tanto, senza nessuna spasmodica attesa ti trovi di fronte una festa, una commedia, un concerto.

All'inizio dell'estate ci sono le BANDE e se stai attento cogli tanti piccoli atteggiamenti. I maestri che litigano come ragazzini, gli orchestrali che se ne fregano del senso culturale della manifestazione e suonano con lo stesso (poco) entusiasmo con il quale accompagnano la Madonna, l'affanno culturale dell'organizzazione che fa suonare *"Il Piave mormorò"* e il *"Silenzio"*. Come chiedere a Rubinstein di suonare, alla fine di un concerto, *"Pensami"* di Julio Iglesias. Ma il concerto piace e la data non è male perché non tutto deve essere concentrato in quei 15 giorni di Agosto, non tutto deve essere sacrificato al Dio-turista.

Nel frattempo il dollaro avanza e straripa e quell'uomo in canottiera di lana, capelli e sorriso alla Stanlio, che ogni sera consuma un'anguria insieme ai vicini, non sembra dargli molta importanza.

Agosto inizia con *"Terra Tumara"*, commedia già vista, scontata e di maniera, ma l'uso di Piazza Trieste è felice, unico scenario naturale possibile per rappresentazioni teatrali e musicali.

C'è finalmente movimento di turisti ma soprattutto dei nostri emigranti.

Al di là delle facili battutine, dovuto alla loro voglia di riscatto, alla loro bella ingenuità, gli "svizzeri" sono ancora l'unica sicura fonte di ricchezza.

L'otto Agosto la festa dell'Adovos prevede una serata con gli *ULTIMI*, gruppo di ricerca folk avviato ormai verso la facile canzonetta dialettale.

Lo spettacolo ha una coda malinconica, due vecchietti, appartenenti al nucleo originario deli *ULTIMI*, cantano a squarciagola. Il loro spirito autenticamente popolare (uno di loro ha una voce unica e inconfondibile) è stato sacrificato per un'idea più grandiosa, ma anche più comune e volgare del gruppo.

Reagan decide la costruzione della bomba N, in Italia stanno per arrivare i primi missili. Forse sarebbe ora di incominciare una concreta, globale lotta antimilitarista (diceva Einstein: "O l'umanità distruggerà gli armamenti o gli armamenti distruggeranno l'umanità") al di là dei vuoti e ipocriti richiami alla pace del ministro Colombo e di Papa Woytila.

C'è un sole da 40 gradi all'ombra, il mare è calmo, finalmente pulito, rilassante (a parte i parcheggi).

Ma questo continui richiamo al particolare il paese, la coppia, la famiglia, il lavoro a volte ti opprime, senti che i giochi grossi si svolgono al di fuori di te, al di là del tuo impegno.

Ma è giusto coltivare la rabbia? Serve ancora?

Arriva Ferragosto. I turisti adesso ci sono davvero. E tu puoi decidere di percorrere Tricase a piedi magari nel senso inverso di quello imposto dai segnali stradali e scopri che ci sono due centri storici; uno, *"u puzzu"*, sporco e pagano con piccole osterie e gente vociante, l'altro, vicino alla Chiesa, più lindo e puritano, rivalutato dai nuovi riflettori rossi.

La Festa dell'Unità è una delle poche possibilità per uscire dal privato ed è un buon confronto con un partito che si sta interrogando a livello nazionale e che a Tricase si vuole dare una nuova dimensione.

Contemporaneamente c'è Franco Cerri a Corsano, una delle poche proposte musicali accettabili fra i tanti roboanti concerti di quest'estate.

Se poi trovi il tempo e il modo di vedere la *Mostra Mercato di Artigianato* o la mostra di *Sozzo* e quella *Estemporanea* su Tricase, ti accorgi che troppe volte tutte queste attività sono fini a se stesse, che la programmazione culturale non ha mai un respiro più ampio o scopi meno fumosi.

Il terrorismo intanto è in ferie, ma nelle carceri si continua a morire.

Oltre alle guerre delle cosche mafiose, molta, troppa gente tenta il suicidio.

E forse questo conta più delle prodezze in allenamento di Antognoni o delle papere di Zoff.

Anche a Tricase finalmente è arrivato il freso.

Per anni il mio prima tema scolastico è stato *"Racconta le tue vacanze"* e neanche quest'anno ho voluto perdere quest'occasione. E sin dal primo giorno di scuola, l'ottimo professor Corciulo ci spiegava che ogni composizione ha bisogno della testa, del tronco e della coda. E allora ecco la cosa: ha aleggiato uno strano senso di tristezza, poca gioia di vivere, poca voglia di ridere.

Ma queste non sono malattie di stagione.

"Nuove Opinioni" – Settembre 1981

Il gruppo politico

Il gruppo politico del settantasette
è anomalo,
ci riuniamo per parlare di politica
e giochiamo a nascondino
al porto, di notte,
scirocco di novembre.
Alcuni, nelle grandi città,
sono molto arrabbiati,
ma noi per scrivere un manifesto
contro il sindaco
ci impieghiamo un mese intero.
Siamo bravi e veloci
ad organizzare una pasquetta,
che è lontana dalla difesa del Cile socialista,
e dalla lotta in ricordo dell'ultimo compagno morto,
ma noi stiamo insieme da sempre,
e vogliamo continuare a giocare,
forse solo giocare,
ancora giocare,
giocare con tutto.

1996

Del tempo libero, a Tricase

Il tempo libero per i Tricasini non rappresentava un problema.

Tutti avevano trovato il tempo per impiegarlo: si parlava di televisione.

Il massimo era riuscire a vedere tutte le reti, spiegando quale antenna o quale amplificatore si fosse usato. All'affermazione: "A casa mia non si vede TeleNorba" seguiva un accanito dibattito tecnico, socio-culturale che vincolava ormai migliaia di cittadini. La discussione sulla qualità delle ricezioni aveva, a quel tempo, lungamente superato, per numero e passione oratoria, tutte quelle riguardanti le diatribe interne alla D.C.

La nostra Amministrazione non potendo inventare il week-end (l'Albania, il posto a noi più vicino, non era un paese turisticamente attrezzato), come rimedio alle nostre petulanti richieste di essere e di fare, aveva pensato di eliminare la televisione, creare un immenso parco giochi, premi ai coraggiosi che rimanevano fuori casa oltre le otto di sera, finanziare un cinema all'avanguardia gestito dal sig. Cafueri, incoraggiare tutte le forme diverse di vita, discussione e amore, risolvere il problema della piscina scavando all'interno del mercato coperto. Le sinistre, forti dei loro numerosi consiglieri comunali, confusi ormai su cosa fosse la sinistra e dove essa fosse, bloccarono la richiesta. Così il tempo (libero) rimaneva un'oscura locuzione avverbiale che forse può essere spiegata solo rifacendosi a quel famoso filosofo che diceva: "Non ci sono tre tempi, il passato, il presente e il futuro, ma tre presenti: il presente del passato, il presente del presente e il presente del futuro".

"Nuove Opinioni" – Gennaio 1982

Cromosomi o ambiente?

Il pettegolezzo, si sa, è inversamente proporzionale al numero della popolazione alla capacità che essa ha di fare storia.

Si direbbe dunque che le frazioni di Tricase sono (addirittura) più pettegole di questo piccolo centro e non è difficile capirne i motivi. Il pettegolezzo, quel vociare continuo e diffuso, quello scandalizzarsi impietoso, quel grigio "te lo dico ma non te l'ho detto", è stato (forse è) l'unico valido veicolo di comunicazione per gente che non ha conosciuto altri mezzi di cultura.

È in questo clima che nascevano (nascono?) gli amori nei vicoli, i giochi di gruppo, la minestra calda al vicino, le risate sulle fresche "chianche" estive, nascevano figli a dismisura, amplessi veloci, tradimenti libidinosi, liti feroci e odi decennali.

Questo gruppo di famigli è meno disposto di un grosso centro alle novità; la morale è ferma e immutabile eppure nelle piaghe della rigidità e del perbenismo cattolico si trovano sempre gli esempi di indissolubile volontà, forse inconscia e mai pubblicizzata, di vivere.

E la vita, in questi casi, è nel rifiuto di certe regole, o almeno in una certa storica acquisizione dei fatti quotidiani.

Che poi nella storia, anche in quella piccola, non rimane mai il comune ma lo strano, il grande e alla lunga sono solo ridicoli difensori del comune senso del vivere.

Arrivo a Depressa e trovo subito *"Cimino"*, che da anni strambazza per le strade di Tricase con un "Ah, signorina te piace...?".

Andiamo a casa sua. Sei persone in due stanze, due bambine di appena un anno, non esiste il bagno, il pitale, grande (si vede dietro una tenda) si svuoterà più tardi, quando è sera.

"Cimino" non sta bene, da poco gli danno una pensione, ma è una questione di cromosomi o ambiente?

L'osteria è uguale a tante altre, lo stesso puzzo di vino cattivo e la stessa aria tranquilla, senza flippers e mangiasoldi.

Solo una vecchia tossicodipendenza da vino.

Qui si raccontano episodi, vecchi ma vivi, di scommesse a suon di mezzi quarti, di ubriachi che baciavano le mogli per strada e di gente che cantava "Giulia, ritornai ma non ti trovai".

Qui di parla anche di politica, ma quel tipo di politica da osteria, che è, come il vino, più schietta e spiritosa, in cui certe storie di tradimenti hanno più importanza di certe "svolte programmatiche" o "verifiche urgenti".

So così che a Depressa, prima del 1966, nessuno era missino, solo democristiani, qualche socialista e diciassette/diciotto comunisti che tutti si chiedevano chi fossero e che i quattro o cinque veri fascisti degli anni '30 erano diventati tutti buoni democratici.

Qui conosco "Mesciu Punte" che ha aggiustato tutte le scarpe di Depressa, "però da un po' di tempo mi fa concorrenza la Filanto", e che recita anche tante poesie.

In poche ore ho incontrato molta gente, anche più importante e socialmente più in alto, eppure se dovessi scrivere di Depressa comincerei da Carmela. È quasi inavvicinabile: settantanni, occhiali alla Rita Hayworth, capelli bianchi quasi biondi, una voce infantile. Le sono simpatico e mi fa sedere al sole mentre pulisce un po' di verdura, mi dice che è stata sposata e poi "ha deciso di non sopportare più gli uomini, specie i preti".

Mi dà una busta di cicorie e mi dice: "Non ti fermare più, però, non posso parlare con i giovanotti, io, sono vedova e ho delle proprietà e poi sto studiando per diventare angela".

"Nuove Opinioni" – Marzo 1982

Preti, cineforum e altro

Tricase, come al solito, ad osservarla è strana cosa.

Nell'immobilismo generale, la classe ecclesiale, generalmente conservatrice, è all'attacco. Nomi fatti: Don Donato da anni cura "Siamo la Chiesa", giornaletto che non ha paura di inimicarsi i potenti; Don Donato è il personaggio più popolare di Tricase, visto che in pochi anni è riuscito a riuscito a riempire di nuovo le chiese; Don Eugenio tra una messa e un convegno, è l'unico organizzatore di viaggi che Tricase abbia mai conosciuto (almeno nell'ultimo secolo; prima qualcuno organizzava viaggi in Albania per contrattare cavalli).

La classe ecclesiale, insomma, vive il suo momento magico.

Frà Giuseppe Cionfoli è primo in classifica e l'anno prossimo a Sanremo, invece di Romina e Al Bano vedremo Frà Giuseppe e Suor Cecilia entusiasmare l'intero popolo italiano. Con la benedizione di Woytila, naturalmente.

Ma noi, popolo salentino, una vocazione ecclesiastica l'abbiamo sempre avuta. O uomini di chiesa o uomini fidati della chiesa al centro di ogni organizzazione, dalla cultura allo sport. Il cineforum, per esempio. Qualche anno fa c'era un presidente che di tanto in tanto, nei dibattiti, prendeva la parola per dire soltanto: "Basta con la politica, nel cineforum non si fa politica". Non si capiva, allora come adesso, che Tricase non ha bisogno del cineforum in se ma di un punto di scontro, che qui il cineforum non può limitarsi di dibattere sul films perché è l'unica possibilità di proporre nuova forma di cultura.

Hervè Cavallera, in un memorandum, apparso un paio di anni fa, diceva, con toni enfatici, che il cineforum di Tricase era da quindici anni lo specchio della vita culturale del basso Salento. Come Shakespeare faceva dire ad Amleto che lo scopo dell'arte drammatica era "di reggere lo specchio della natura", così Cavallera si mirava senza chiedersi se quell'organismo doveva fare cultura oltre che rifletterla.

Il cinema è da circa un secolo l'immaginazione del mondo, e da circa un secolo noi immaginiamo in ritardo o assonnati, davanti a un televisore. Tricase ha bisogno di una struttura fissa, di un posto in cui poter vedere, leggere cinema e magari, dopo, imparare a farlo.

Abbiamo bisogno di films più nuovi (non dimentichiamo che Lecce è a 60 km) ma anche diversi, di conoscere films meno pubblicizzati ma ugualmente vivi, inseriti nel nostro tempo.

La colpa del cineforum ecclesiastico è stata proprio questa: non essere riusciti, nonostante tanti anni di esperienza, a farsi promotore di un iniziativa di più largo respiro. Eppure bastava guardarsi intorno per accorgersi che nessuna organizzazione raccoglieva ogni anno più di cinquecento soci.

Ma Tricase, al contrario dei suoi sacerdoti, è conservatrice, per apatia e per ideologia, e continua a mietere successi (un ospedale privato diventa, se opportuno pubblico in pochi giorni; comitati per la pace e per la Polonia dettati da vescovi e onorevoli) tanto da far pensare che questo paese è più democristiano che cristiano.

"Nuove Opinioni" – Febbraio 1982

Il Tricase nella bufera

L'U.S. Tricase è nella bufera. La squadra ha collezionato sette sconfitte in otto partite e il campo è stato squalificato fino al 31 Ottobre '82.

Questa società di calcio che negli anni '60 ha vinto la coppa disciplina (classificandosi seconda altre due volte), negli ultimi quattro anni è stata capace di cancellare ogni buona referenza e diventare una delle tante società "in castigo". Il discorso sull'abbassamento del livello tecnico coincide con la pochezza dirigenziale e con una generale disaffezione verso il calcio. Salgono sport come la pallavolo e il tennis mentre, anche a livello giovanile, il calcio tricasino richiama sempre meno gente.

Questo dovrebbe far seriamente riflettere tutti coloro che operano nel settore, amministratori compresi che quest'anno hanno fortemente voluto che la squadra continuasse secondo i soliti binari,

Nel marasma generale sono invischiati tutti: il pubblico che frequenta il calcio stenta a innamorarsi di esso e continua a usarlo come valvola di sfogo dei propri istinti più violenti (il gesto dello stadio, è stato per giorni esaltato e salutato come "finalmente qualcuno si è deciso", è sintomo di generale inciviltà e di volere sempre a tutti i costi trovare il colpevole). La dirigenza, colpevole più che altro, di aver accettato un incarico, senza conoscere minimamente quello che era la realtà di questa squadra, da anni in declino, doveva tentare un rinnovamento e invece ha perseguito la politica dei piccoli passi, già lanciata dalla gestione Ciullo, che ha stancato il pubblico e creato un pauroso vuoto tecnico. "Se la squadra vincesse tutto andrebbe bene" si dice in giro ed è vero (perché il calcio è inteso solo come vittoria) ma se si fosse dall'inizio chiarito che Tricase non può avere una squadra di promozione competitiva 8dilettanti da 500.000 mensili + premi partita) che sarebbe giusto pure retrocedere se questo servisse a rigenerare ambiente e giocatori, le contestazioni e le disaffezioni sarebbero state minori perché minori sarebbero le pretese. Ci sono anche allenatori e giocatori che sono riusciti ad offrire nell'arco del girone di andata una sola prestazione pregevole e che con i loro atteggiamenti vittimistici invogliano il pubblico a scaricare tutto sull'arbitro e segnalinee.

Sostituire l'allenatore, che, si dice, ha fatto da solo la campagna acquisti non ha un grande valore terapeutico, perché i mali sono più profondi e vanno inseriti nel generale malessere di Tricase, che così priva di scambi culturali e commerciali, di industria e cooperative, di artigiani e imprenditori sembra non aver nessuno interesse ad essere rappresentato (e sappiamo che il calcio è un ottimo veicolo pubblicitario) almeno a livello pugliese.

"Nuove Opinioni" – Aprile 1982

A sud di nessun nord

Nuove Opinioni è un giornale di Tricase per i Tricasini.

I quali sanno benissimo cos'è l'estate, cos'è questo giornale e cosa sono tante altre cose, e non per loro, scontati uomini del sud che vorrei scrivere.

Dunque, Tricase e l'estate. Lo sperduto turista che arriva qui alla ricerca di pace e mare pulito, l'emigrante che ci porta l'unica ricchezza palpabile, lo studente che riposa le stanche membra e le reumatiche idee, non sanno cosa sia l'inverno a Tricase. L'inverno non muore, come l'estate non scoppia.

Escluso il mare, la vita non cambia, i cappotti al posto delle magliette multicolori, piazza "Cappuccini" al posto del "Muretto", luogo dei nostri rinfreschi e nostri desideri.

A loro che non conoscono Tricase darò alcune informazioni

Dirò che questo paese è benpensante, pettegolo e moralista.

Come del resto tutti i paesini. Di politica, di questa lurida partitocrazia, non parliamo, visto che ne parliamo sempre, latitudini a parte. Un silenzio disgustoso forse dubbioso.

In ogni casi a loro e specie a questa strana categoria del turista che non conosce Tricase, che un giorno non lontano, chissà come dovrebbe invadere la nostra cittadina, dirò che, se vuole sentire parlare di una politica inframezzata da notizie spicciole ma importanti – Pannello è finocchio, quel tipo è compare dell'assessore e via – di calcio juventino, di donne quasi tutte da mandare al rogo, chieda di un posto chiamato "sotto l'orologio".

Se vuole conoscere la strana economia impiegatizia di questo paese, se vuole sentire di un commercio fatto di eterne cambiali non pagate, di assegni da coprire, di case da costruire, di pantalonifici che lavorano per il nord pagando 120.000 lire le ragazze, di tabacco che non si vende, di patate cattive, olio che costa troppo, insomma la "borsa", basta andare alle 8 di sera vicino al "Bar Scolozzi".

Se invece vuole sentirsi giovane, fare finta di stare a piazza Navona (invece di Bernini c'è il Mercato Coperto), conoscere ragazze compiacenti ma furbe, parlare di moto sempre più grosse, giochi elettrici e pizzelle, chieda di "Piazza Cappuccini".

Ma tutto questo non è molto diverso da tutti gli altri paesi.

Quello che ancora non traspare è questo viscerale, genetico amore verso questo posto. Dove amore sta per ripetitività, incontri scontati ma sempre piacevoli, amici di sempre, capacità di cogliere al volo il grottesco, l'ironico e il demenziale.

Un tuffo nella caratterizzazione che ci circonda e accompagna le nostre giornate. Giuseppe vuole andare in banca e dare le monete da venti lire al suo amico bancario per favorirgli il lavoro, Luigi è da anni incazzato con tutte le auto in sosta che gli impediscono di spazzare alla meglio, Rocco beve una ventina di gassose al giorno, e poi poeti incompresi, calciatori che non hanno mai giocato, filosofi storici che fanno comizi, ognuno di noi fa una cosa che non potrebbe essere raccontata.

Per il resto "Flash" e "Portobello" si vedono a Tricase come a Bolzano, i problemi sono uguali dappertutto(tranne quando mi viene voglia di vedere un ciclo sui fratelli Marx) e benché mi senta profondamente sudista e non mi meraviglierei se per cataclisma naturale o invasione militare domani dovessimo far parte dell'Albania, mi guardo su, vedo ciò che mi circonda e, per dirla alla Bukowski, mi sembra di vivere al sud di nessun nord.

"Nuove Opinioni" – Agosto 1982

Tutta un estate: fra sport e feste, un PCI monotono, un PSI tronfio, una DC-fallimento

Brevi, sconci appunti di una torrida estate. Tricase, come tutta l'Italia, ha festeggiato la vittoria al *Mundial*. Avevamo scommesso che mai il popolo tricasino sarebbe sceso in piazza per manifestare la propria gioia, dolore o rabbia e invece, tutti insieme cantavamo "Fratelli d'Italia", Spadolini salvava il governo, la benzina poteva aumentare tranquillamente, noi tutti a sentirci fieri di vivere in uno stravagante, a volte bello e insostituibile, paese di camorristi, mafiosi, Gelli, Sindona, Papi e Dino Zoff.

L'Amministrazione Comunale, intanto, organizza il *III Raduno bandistico*, una manifestazione che ha successo ma che sembra fuori dalla portata economica della nostra cittadina. Il Comune, per tutta l'estate, avrà delle enormi difficoltà nel finanziare un solo spettacolo. Il raduno è un ottima cosa, ma forse va ristudiato per trovare forme di finanziamento e di interesse nuovi. Forse istituendo una gara con relativi premi e giurie, sarebbe più facile trovare sponsorizzazioni, sarebbe possibile far uscire questa manifestazione dal solito folklore per farla diventare un vero appuntamento culturale, anche meno costoso.

La programmazione estiva del Comune si ferma qui, se si esclude una, ormai solita, serata con gli *Ultimi* gruppo di folkerie e una divertente performance de *"L'altra faccia"*, gruppo composto da noti ragazzoni di Tricase, esperti nel miscelare Celentano, Genesi e Squallor.

Ma la vittoria al Mundial ha continuato a tenere banco: "Sotto l'orologio" ci siamo scannati per il nostro *torneo di calcio* e per ore abbiamo discusso se Rossi dovesse accontentarsi di cento milioni o di duecento. La voglia di sport si è manifestata anche con il windsurf, con il basket e il tennis.

Per tutta l'estate ho visto ragazzi biondi e dagli occhi azzurri (dovrebbe essere segno di nobiltà, poi penso a Carlo d'Inghilterra e mi consolo) sulle vespe, vestiti da Sergio Tacchini con relativa racchetta e bella ragazza bionda. Poche le feste propriamente cattoliche. È stato festeggiato solo *S. Rocco* e non ci lamentiamo poi se i vari S. Vito e S. Antonio non faranno più miracoli (oppure le feste dei Santi erano, in tempi avari, solo l'alibi per incontri d'amore, ubriacature, risate e potere?).

Festeggiato invece sarà *Don Tonino Bello*, caro amico che va a pascolare altre anime in altre terre. Ah le promozioni, che brutta cosa! Da soldato semplice gridi contro il potere, il mese dopo, da sergente, ti fanno credere di essere il potere e in qualche modo lo gestisci. Arriva la prima domenica di Agosto, arriva anche qualche turista, la festa dell'*ADOVOS*, le mosse del *CINS* (fantomatica organizzazione culturale DC) e finalmente le feste di partito.

Inizia con una 4 giorni il *Partito Comunista*. L'aria che si respira è quella di una grande voglia di fare, di uscire fuori dal ristretto numero di iscritti, ma anche di una certa ripetitività, di cose già sentite, di musica già ascoltata, di persone già viste.

Il nuovo segretario Francesco Accogli ha cercato di dare il meglio nei dibattiti, senza per altro riuscire a mascherare neanche per un attimo lo stakanovismo e la seriosità che sorregge (e limita) il partito.

Il momento più interessante è stato il dibattito sulla *situazione del calzaturiero* con una ragazzo licenziata perché iscritta al Sindacato e un'altra da poco iscritta che ha raccontato le misure di prevenzione adottate contro queste "cattive".

Il signor Filograna e i suoi amici dovrebbero almeno smetterla di sentirsi benefattori. Ognuno fa la sua parte: il padrone cerca il profitto, l'operaio benessere e sicurezza, e ognuno deve avere a disposizione i mezzi necessari per continuare questo dualismo. Non dimentichiamo però che la "Filanto" è solo l'iceberg di tutta una cultura del lavoro nero. A Tricase tantissimi ragazzi, specie donne, lavorano per 500 lire l'ora e le cinquecentomila che prendono in fabbrica sembrano una grande cosa (e lo sono purtroppo).

Il *PSI* va alla ricerca di una nuova identità, di un immagine più vicina a quella che si è data da qualche anno a livello nazionale.

Craxi ne ha fatto un partito, forse vincente ma spocchioso, attentissimo a tutte le poltrone, sempre molto vicino all'arroganza.

Secondo me quel fatto "dell'ago della bilancia" ha provocato dei danni nella testa di qualcuno. tanto che si è convinto di essere ormai la bilancia. A testimoniare questa nuova immagine è intervenuto un certo *Biagio Marzo*, da Corsano, membro della direzione centrale. Così questa festa che doveva dare un certo spessore al partito, doveva favorire l'incontro con l'altro partito della sinistra, non centra alcun problema locale, ma diventa la tribuna elettorale per portaborse come il signor Marzo, che crede di apparire intelligentemente nuovo, perché parla con la stessa cadenza di Craxi e di tanto in tanto pronuncia una parola in inglese. Il tema del dibattito, alquanto interessante, *"i giovani a Tricase dal 68 a oggi"* viene trattato con una sufficienza e con un aria tronfia (si è arrivati a dire che il 68 è stato socialista) da lasciare tutti molto perplessi. Il giorno dopo ha cantato *Drupi*, richiamando molta gente, cosa che il PSI fermamente ricercava per dimostrare di essere ancora vitale, che dopo dieci anni di letargo, può contare qualcosa. Ma per favore lasciamo Craxi e compagni a Roma, lasciamo da parte correnti e clientele e andiamo dritti ai nostri problemi di provincia.

Settembre. Andiam alla DC. Da tempo si strombazzava di questa *Festa Provinciale dell'Amicizia*, si diceva che ci sarebbero stati interventi importanti, cantanti di grido, dibattiti "seri" e tante altre cose. È impressione generale, anche dei Dc, che mai nessuna festa è stata così fallimentare. È chiaro che il partito di stragrande maggioranza possa parare questi contraccolpi (ed anche altri più pesanti) ma era almeno lecito aspettarsi una migliore organizzazione. La scelta di Piazza Vittorio Emanuele è stata pazzesca visto che il spazio si doveva, quasi contemporaneamente, giocare, dibattere e mangiare. Così i dibattiti sono saltati, i giochi interrotti, nessun intervento di grido se si esclude sua maestà *Nicola Quarta*. Insomma, la festa provinciale è sembrata a tutti una festa rionale con tanto pressapochismo e presunzione. Una notazione insolita: l'ultima sera, Domenica 12 settembre, la DC veniva sonoramente fischiata da un nutrito numero di ragazzi.

Un'altra estate è passata. Senza scossone alcuno. I morti del Libano, i morti di mafia, i soldati di leva incarcerati perché non sanno sparare, i morti di prigione, di eroina e di vino sono passati sulle nostre teste, con molta discrezione, mentre noi cercavamo di scoprire chi ha incatramato il muretto del porto.

Neanche quel piccolo *concerto Jazz*, vicino al "Jazz Bar", e quella commedia di *Garcia Lorca* (offerta dall'amministrazione provinciale) hanno modificato il tono della nostra estate. A settembre abbiamo finito di parlare di turisti, ci risentiremo a giugno dell'anno prossimo e faremo un altro parcheggio. fra dodici mesi parleremo delle stesse cose, più o meno con le stesse parole.

Spero per voi che l'anno prossimo cambi almeno il cronista.

"Nuove Opinioni" – Settembre 1982

La lingua di Karaburun

Alzarmi una mattina di gennaio
e non avere niente da fare
se non comprare il giornale
e poi vedere il sole con la tramontana,
andare verso il mare
con quattro amici in bicicletta
e fermarsi
a guarda la lingua di Karaburun,
l', vicina e inavvicinabile,
la cima con la neve,
e poi c'è sempre qualcuno, come in sogno,
che vede una casa, forse un palazzo,
e scorgiamo Corfù la verde,
e forse più in là, più a destra, c'è Fanos, piena di pietre.
Giornate di grandi scoperte
ed ebbrezze marine
quelle giovani giornate
con il sole di tramontana.

1997

Tra Comi e Papa Galeazzo. "Il caso Lucugnano"

Sono andato a parlare delle due, tre cose che mi incuriosivano di Lucugnano. Non sono andato a scoprire le fonti del Nilo, ma a verificare se esiste una specificità lucugnanese.

Questo è un paesino che non si è mai sentito tricasino, cinquant0anni fa chiedeva di essere annesso al comune di Alessano, e del resto una linea ideale e una strada antichissima lo congiunge con S. Maria di Leuca più che con Tricase.

Ecco allora che le associazioni sportive, anche le manifestazioni non competitive sono, per statuto, riservate ai soli nati e residenti nel "Comune di Locugnano" perché mi è stato detto: "Non vogliamo che la gente non si diverta più". Visione orgiastica di gruppo.

Per parlare di certe cose non basta fermarsi in piazza con carta e penna e cominciare a fare domande, ma è necessario trovare il posto e l'ambiente giusto.

A Lucugnano fanno degli ottimi "gnommareddi", la trattoria è semplicemente una casa, con qualche tavolino e una credenza. Al terzo bicchiere puoi chiedere perché si arrabbino quando qualcuno li chiama "i concittadini di papa Galeazzo".

Non è forse il personaggio più raccontato del Salento?

"Si, ma voi tricasini, gelosi e ipocriti, lo dite solo per sfotterci e poi sono solo barzellette".

È vero sono barzellette, ma questo uomo malizioso e dissacratore sembra aver dato un impronta indelebile all'essere prete in Lucugnano, se negli ultimi anni questi hanno scelto la "normale" via del matrimonio.

Ecco la suprema curiosità. Sono arrivato fino a Girolamo Comi per tentare di dare una spiegazione più culturale del fatto, ma il poeta (non letto, l'unico libro disponibile alla biblioteca comunale non è stato mai prestato) era troppo preso dalle aristocratiche armonie spirituali (a parte qualche giocata a poker) per poter lasciare ai posteri una reale testimonianza del tempo che viveva. A Lucugnano, Comi scrive: "Cosmiche moli di spazio tranquillo/respirano velate risonanze/di più patri di spirito vibrate".

L'ermetismo ha il suo fascino ma nessuna addentellatura con il discorso che ci interessa.

Sulla specificità del "caso Lucugnano" ancora una volta è papa Galeazzo a venirci incontro. Alle lagnanze della Curia per la vita scandalosa dei preti di questa parrocchia Galateus De Dominicis rispose: "non è colpa nostra ma del malefico influsso dell'aria de Lucugnano. Quest'aria dà una tale circolazione del sangue che produce forte irritazione nervosa e, conseguentemente, un tale insopportabile prurito, al quale noi non resistiamo e, Monsignori miei, avviene poi quello che avviene...".

"Nuove Opinioni" – Maggio 1982

All'inferno, con auguri

Con l'anno che se ne va, non va via nessuno dei nostri problemi.

Il non-impegno continua a caratterizzare i nostri discorsi, i nostri atteggiamenti.

Diventa sempre più difficile (anche economicamente) uscire dai nostri angoli e triangoli.

Il rapporto con la persona privilegiata diventa scarno, fine a se stesso, difficilmente imbevuto di contatti ed esperienze nuove.

Nella sempre più difficile e fosca ricerca dell'uomo nuovo, che non può essere ormai il sovietico o l'americano, il comunista o il socialdemocratico, stiamo rischiando di far diventare l'Italia un paese militarista con sempre più severi controlli personali e meno garanzie giuridiche e insieme un paese ed economia avanzata, continuamente frustato dalla ricerca di nuove ricchezze.

Quello che i politici chiamano "il crescente distacco delle istituzioni" non è altro che un inconscio sentimento di un totale rinnovamento, che non impedisce del resto a truffaldini, mafiosi e ridicoli personaggi politici, come il nostro presidente regionale, di convivere nel migliorare dei modi, dividendosi torte, pasticcini e chiacchiere.

Nessuno crede ormai nei partiti come momento insostituibile per la crescita di una collettività (e chi ci crede ci ripensa presto), la fiducia nell'ideologia è sparita insieme alle code delle donne sovietiche per comprare il pane, insieme ai massacri dei vietcong, alle insaziabili clientele italiane e alle ipocrisie britanniche e germaniche.

Rimane la possibilità di ogni piccola comunità di sapersi dare gli obiettivi giusti, di saper ricevere e dare cultura.

Per il resto non c'è molto da discutere: o bar, o calcio, o televisione.

Nel voler "vivere una vita" ci si scontra ora con la nostra geografia, ora con la nostra storia, ora con i nostri politici, senza mai mettere in discussione i moralismi e le false religiosità che muovono le nostre azioni. Prendiamo il nostro "centro volontariato per tossicodipendenti", il quale senza molte informazioni o dati statistici, con molto pietismo va alla ricerca del "drogato" per poter espiare le proprie colpe in terra, senza aspettare l'aldilà. Il problema droga non è visto come grosso problema dei rapporti in una società standardizzata, ma solo come malattia (devianza dicono) da curare al più presto, perché ce ne sono altri.

C'è a Tricase, per esempio, un problema ben più profondo, sotto gli occhi di tutti, ma di cui nessuno ne parla, perché non porta dritto in paradiso: lo sfruttamento dei minori. Uscite fuori dai Licei e fatevi un giretto.

Il ragazzo aveva una buona propensione al calcio, ci giocava con quell'intuito tipico dei tredicenni, dopo la seconda media è andato a lavorare in una di queste nostre fabbriche di scarpe, entra alle sei del mattino e rientra alle sei della sera.

Da due anni non tocca il pallone. Fra tre, quattro anni come risponderà ai dibattiti sull'uso del proprio corpo, come questo signore vivrà i suoi rapporti sull'esterno, che cosa significherà per lui la democrazia in fabbrica?

Qui non si tratta di fare bau bau all'imprenditore (e strappargli cinquantamilalire al mese) ma di discutere il nostro modello di sviluppo, di poter sperare di organizzarci meglio, di dare una speranza a quella ragazza ventiquattrenne, con marito e tre figli di lavare e stirare, e decine di scarpe da consegnare entro lunedì.

Ognuno ha i cavoli suoi, la cambiale che scade, le mestruazioni, il posto di lavoro, la casa, ma se non cominciamo a discutere di un progetto globale, a ridiscutere della nostra vita, della nostra politica, tanto vale rassegnarci e aspettare la morte, perché come scrive Tonino Guerra, essa è l'unica cosa che non è ripetitiva. Viene una volta sola...

Buon anno a tutti!

"Nuove Opinioni" – Dicembre 1982

E gli sportivi aumentano!

Ormai è chiaro. Il vero sport, nostrano e interclassista, è la pesca.

Il dottore ha la barca bimotore con reti buone, il suo nuovo status symbol è la barca da pesca, il suo management si misura dalla sua capacità di prendere pesci. Gli scafi, potenti, spaziosi per stendersi e prendere il sole appartengono al passato, non qualificano il personaggio, è una pura dimostrazione di ricchezza.

L'impiegato, quello statale, ha una misconosciuta propensione associativa. In tre quattro comprano una barca (non più di sei metri, però, sennò ci vogliono andare pure le mogli) e ogni domenica, levataccia alle quattro, grandi preparativi, discussioni al bar, eccitamento in famiglia e si parte. Che cosa peschino non è dato sapere, ma il tutto deve essere avvincente.

C'è poi il disoccupato, vero o finto che sia, capace di pescare, canna e amo, per dodici ore di seguito, alla problematica ricerca di una soluzione esistenziale (intanto si nutrono).

Questo sulla canna dei nostri ripidi e appuntiti scogli è poi un fenomeno tutto da vedere. Basta alzarsi una mattina insieme a loro, magari di domenica, andare, tutti insieme, coscienziosamente, verso il mare e si vede una frotta di "sportivi", che lasciate assiepiate le centinaia di auto, si buttano verso quello che loro considerano il piccolo segreto da custodire, il posto "dove mangiano". Appaiono centinaia di canne, lunghe e pazienti, passeggiando per la litoranea.

Per tutti è una promessa di vittoria, una sete di rivincita, una voglia di far meglio.

I pesci si ribellano un po', cercano di diventare furbi ma non c'è niente da fare, la brace gli aspetta. C'è una coppia di ultra-cinquantenni (lui suona per la banda di Specchia o di Miggiano?) che ogni mattina all'alba, estate e inverno, li trovi lì accaniti e pazienti, solo un po' nervosi con i passanti curiosi: da trent'anni campano un po' di figli.

C'è invece una barca, grande e brutta, arrugginita e senza attrezzatura che da qualche anno fa lo strascico, quello vero, quello brutto. Dove passa lei, per anni interi, nessun pesce depositerà un uovo, miliardi di pesciolini appena nati (la tartana) finiscono nella rete, che trasporta tutto, flora compresa. L'Adriatico non è un mare molto pescoso, ma penso che così si avvicina alla morte.

Ecco perché quel mio amico che da quattro settimane, ogni sabato e domenica si alza alle cinque e va al mare senza prendere niente mi sembra un nostalgico senza senso.

Eppure, per quel pesciolino che di tanto in tanto riuscirà a far sboccare, gli sembrerà di essere tornato cacciatore, di vivere in armonia con la natura, di essere un vincente, di fare sport. E così gli sportivi aumentano, anzi sono di più dei non sportivi.

"Nuove Opinioni" – Agosto 1983

Lista verde per Tricase: comizio del 19.6.1983

SIGNORE E SIGNORI BUONASERA.
(Grande applauso).
A grande richiesta, per la curiosità dei molto e l'intendi-mento di pochi, siamo qui a partecipare anche noi alla grande sceneggiata dei Comizi Elettorali.

Non siamo esperti nel campo delle elezioni, né siamo degli apprezzabili oratori capaci di tenere le redini di un discorso così limpido e fluido che stenta a darsi strada nella melma della realtà, come altri esperti professionisti della farsa sanno fare.

Siamo ormai abituati ad ascoltare tutto e tutti, alternativi all'interno della DC e nuovi fascisti d'assalto, le recite filodrammatiche di Don De Donno che cerca una giustificazione divina all'operato dei vari misfatti quinquennali, ai patetici conformismi di tutti.

Nostro malgrado siamo qui per cercare di rispondere ai tanti perché ci siamo posti e alle tante domande che ci vengono rivolte.

Nonostante il nostro sforzo non siamo riusciti a raggiungere il numero di 30 candidati nella nostra Lista, anche a causa di varie defezioni, né di avere con noi qualche illustre rappresentante della vita tricasina (Medici, Ingegneri, Operatori culturali e professionisti vari) mancando anche in questo l'appuntamento con la serietà che tutti gli altri partiti sono riusciti a costruirsi.

Tutto quello che siamo riusciti a racimolare è una donna attratta dai nostri vari "CERCASI" apparsi sui muri di Tricase.

Ci è stato da più parti rimproverato che se avessimo preso tutta la cosa con più serietà avremmo potuto raggiungere maggiori consensi ma, DITECI, VI SEMBRANO SERI COLORO CHE DA QUESTO PALCO, DA DECENNI, VI PROPONGONO PROGRAMMI CHE NON SOLO NON SI ATTUARONO MAI, MA CHE NON TOCCANO QUEL VALORE FONDAMENTALE CHE È LA QUALITÀ DELLA VITA!

Il punto cruciale è che a Tricase non succede mai niente perché assicurarsi la continuità, il Potere accentra tutta la sua attività nel non creare movimento nel non far partecipare.

Esempio ne siano i Consigli di quartiere, aborriti dalla DC locale. Ma in fin dei conti anche queste sono cose tutti sanno. Infatti non abbiamo nessuna pretesa di dire cose nuove o di fare scoperte sensazionali o di scoprire una formula che al solo enunciarla abbia la capacità di mutare le cose, né crediamo che sia possibile cambiare la situazione impegnandosi per un mese ogni cinque anni nel cercare nei metodi più svariati grotteschi consensi elettorali.

Tuttavia crediamo nel futuro e la presentazione di questa lista vuole essere un momento importante che mira non alla gestione del potere ma unicamente a creare nuove possibilità di vera partecipazione.

La falsa partecipazione, intesa finora come semplice adesione (o pura ricerca di consensi) ha contribuito non poco a bloccare quel processo critico che poteva portare a una maggiore coscienza delle nostre possibilità di gestire il futuro.

Compito di una qualsiasi organizzazione, a maggiore ragione dei partiti politici, dovrebbe essere non quello di presentare delle soluzioni preconfezionate, legato ad un intervento esterno che di fatto passerebbe sulle nostre teste senza intaccare gli esistenti rapporti sociali, ma promuovere continuamente momenti di confronto e di provocazione.

È famoso nel mondo il lassismo culturale dei tricasini, ed infatti sulla nostra indole bonaria e apatica che la D.C. vorrebbe sviluppare l'Azienda turistica tricasina, non sbagliando quando propaganda i nostri posti come oasi di tranquillità e serenità.

Una reale partecipazione alla discussione della cosa pubblica porterebbe ad una maggiore consapevolezza della propria quotidianità, della propria storia e dei propri bisogni più immediati e concreti.

Di questi bisogni i politici che via via si sono succeduti su questo palco, in questa ed altre campagne elettorali, hanno dimostrato di fregarsene. L'abbinamento delle elezioni amministrative con quelle politiche ha fatto in modo che di Tricase non se ne parli proprio; solitamente si fa una breve introduzione partendo dai presunti problemi di Tricase per poi impantanarsi nei problemi nazionali ed internazionali.

Ognuno ha nella manica l'asso dell'Alternativa. Solo la DC non ha alternative, è purtroppo costretta a continuare ed esercitare il potere che finora le è stato conferito.

Tutta questa fiducia di popolo l'ha portata ad assumere toni da monella assicurandoci sfacciatamente la Certezza della Comunità, e se è vero quello che si propone, non sappiamo quali altre sciagure potranno ancora colpirci.

Il suo vantaggio è che al momento giusto ha sempre pronto qualcosa di altamente convincente, forse a causa della forma di dialogo preferenziale che alcuni suoi uomini, come Monsignor Caroli hanno con Dio, il quale molto probabilmente avrà, in uno di questi segreti colloqui, consigliato il Caroli stesso a portarsi la pecorella smarrita Vitalone in giro per gli ovili.

Chiaramente, di fronte ad un nemico così soprannaturalmente attrezzato è ridicolo mettersi contro, ma questo è un gioco e tutto è permesso; ognuno recita la sua parte fino in fondo facendola a volte, così bene, da credere per un attimo, egli stesso di fare sul serio.

E qualcuno sul serio fa per davvero, accettando la convivenza democristiana e ipotecando seriamente la storia futura del P.S.I.

Assurto da qualche anno a leader carismatico del partito, uomo che molti vorrebbero d'assalto, Craxi si rivela, co le ultime dichiarazioni, la classica volpe che vede avvicinarsi l'uva.

Il rischio di vedere compromesse le nostre possibilità di scelta diviene oggi più reale; sono sempre meno coloro che continuano ad avere rispetto del popolo, molti pensano sempre più insistentemente ai modi per sfruttarlo manipolandone il consenso e influenzandone le espressioni di volontà.

L'Alternativa, riteniamo sia l'unico strada percorribile, non quella fatta di soli numeri a di elaborati programmi economici, ma quella che va oltre questi, che parte dei piccoli centri e si sviluppa fino a divenire progetto GLOBALE DI VITA!

In essa saranno racchiuse le aspirazioni, i bisogni, le utopie che hanno caratterizzato questi anni e che hanno nutrito e formato le nuove generazioni.

Non vorremmo, comunque, che soluzioni e direttive ispirati dalle

Direzioni Centrali dei Partiti fossero trasportate pari pari nella realtà locale.

Questo modo di operare ha portato finora la Sinistra tricasina a crearsi delle sterili rivalità e ha impedito il nascere e l'affermarsi di una strategia unitaria, capace di elaborare nuovi progetti più consoni e realistici.

Non un listone elettorale ma una elaborazione e una pratica politica molto più vasta e più lungimirante, aperta ad influssi esterni e pronta a recepire tutte le istanze sociali, anche appena accennate.

In una sinistra così caratterizzata avrebbe un senso positivo la formazione di una lista che comprendesse Indipendenti per pratica e giudizi. Non crediamo invece nella figura dell'indipendente inserito all'ultimora unicamente per perseguire successi elettorali.

Criticando il metodo seguito dai partiti, apprezziamo tuttavia quelle persone che finalmente hanno deciso di partecipare attivamente alla vita politica senza lasciarsi sedurre dal discreto (?) fascino del potere. Ma ribadiamo che il cambiamento dovrà essere molto più profondo, quasi esistenziale, con un rapporto completamente diverso fra gli uomini con la natura, il rispetto la tolleranza, la capacità di scambiarsi esperienze e sentimenti al di sopra di tutto; la voglia di essere padroni dal proprio futuro sarà una conseguenza inevitabile e naturale.

Allora sapremo dire NO ALLE GUERRE, ALLE ENERGIE SPORCHE, ALLE DISTRUZIONI ECOLOGICHE, AI MODELLI DI VITA CHE CI VERRANNO IMPOSTI.

Concludendo passiamo alle consuete, immancabili promesse elettorali, che noi manterremo, non come gli altri:

- 3500 POSTI DI LAVORO da reperire nei seguenti settori:
1. ENERGIA SOLARE: 1500 POSTI AL SOLE
2. 1000 POSTI PER CANOTTIERI impegnati nel disfacimento e rifacimento delle strutture pubbliche scarsamente utilizzate (porticciolo, campo sportivo nuovo, piazze ecc.)
3. 500 POSTI NUOVI da creare in base alle VOSTRE

RICHIESTE ED ESIGENZE. Si assicurano mansioni e livelli retributivi adeguati.

4. Per i rimanenti 550 POSTI saranno banditi pubblici concorsi democratici presieduti da Commissioni INCORRUTTIBILI (quota di partecipazione £. 5.000.000).

Questo per quanto riguarda il problema del lavoro.

- Abbiamo inoltre pensato avviare la nostra costruzione di un altro porticciolo per le barchette e canottini dei più piccini.

- Promettiamo dieci repliche, in diverse ore della giornata, della telenovela "CUORE SELVAGGIO" per rivalutare l'intelligenza, la purezza e la castità del sentimento.

In definitiva se ci accordate il vostro TOTALE consenso vi promettiamo una radicale trasformazione della vostra Tricase che diventerà finalmente quella che voi tutti da tempo aspettate. PERCIÒ IL 26 E 27 GIUGNO STATE ATTENTI, IN CABINA NON C'È SOLTANTO DIO A GUARDARVI, C'È ANCHE IL DIAVOLO A TENTARVI, CON LA CLASSICA MELA! (lungo applauso finale).

Questo è il canovaccio del comizio che tenemmo in piazza G. Pisanelli la sera del 19 giugno 1983, scritto a più mani da un gruppo di amici, rimasti sempre legati e complici nel divertirsi. Il comizio, per vari motivi è rimasto nella memoria collettiva di Tricase: uso di un amplificatore con applausi pre-registrati; comizio recitato a più voci e con un tono trasgressivo; un partito verde quando i verdi non c'erano ancora in Italia; presentazione del simbolo con la mela bacata; la prima campagna elettorale dissacrante giocata sul filo della gioiosa provocazione; una lista che prese 149 voti non richiesti.

Voglio qui ricordare quei tredici candidati che parteciparono insieme ad altri ragazzi, ancora minorenni, a quella che possiamo considerare la conclusione naturale di un vecchio progetto politico, nato nel 1976 col nome di GGT (Gruppo Giovanile Tutino): Baglivo Giuseppe, Blandolino Francesco, Blandolino Roberto, Bramato Antonio, Corciulo Antonio, Corciulo Fernando, De Giuseppe

Alfredo, De Giuseppe Costantino, Dell'Abate Alfredo, Probo Francesco, Probo Giuseppe, Sacco Anna Maria, Scarascia Giuseppe (detto Peppone).

1983

La fine di un mito

Dopo aver trascorso un altro anno a domandarci su Tricase, a chiederci su che cosa si fondi lo strano attaccamento a questo paese e a chiederci ogni giorno, alla sera, almeno una volta, perché restare, può capitare, per un caso fortuito, di essere testimone della fine del mito di Giuseppe Codacci Pisanelli.

Certo il mondo ha problemi più gravi, l'Italia ha molte angosce, il terrorismo, la camorra, l'inflazione e Craxi, ma per i Tricasini è importante notare la fine di quel mito.

Un mito non finisce mai né con la morte né con i fischi, ma con qualche rappresentazione di grottesca malinconia. Gli ingredienti ci sono tutti: l'ex onorevole invitato a parlare della Polonia, è solo dietro la scrivania, la sala culturale di Caprarica è deserta, non più di dieci persone. Il consigliere comunale, impiegato postale, fa l'introduzione. Si scusa con l'ex sindaco, con l'uomo che faceva riempire le piazze di Tricase, per le malcelate assenze, dovute – guarda caso – ad un disguido postale I giovani delegati scolastici, appena eletti, smaniosi di contare qualcosa, salutano il maestro. Qualcuno, più preoccupato, prepara le domande che animeranno la discussione.

Il signor Codacci inizia stancamente a parlare, invita a riflette, divaga per una decina di minuti, e conclude con un "rimandiamo la discussione a quando avremo carte più sicure in mano". Il consigliere comunale si alza, allarga le braccia, la serata di politica estera dedicata alla Polonia è finita.

La donna vestita di nera stava per entrare, quando tutti gli altri uscivano. Tutto è abbastanza felliniano.

Ci siamo chiesti altre cose in questi mesi, domande strane e risposte stravaganti, abbiamo chiesto se fa più male correre su una moto o iniettarsi eroina, se Tricase è cristiana o semplicemente democristiana, se i valori sono una fede su tutto e altro ancora impera il dubbio.

Ma alla domanda fondamentale "di chi è ora la D.C. di Tricase" abbiamo una certezza: sappiamo, ora è provato, che non è più di Giuseppe Codacci Pisanelli.

"Nuove Opinioni" – Maggio 1984

E io ti canto Tricase, oh diva

Osservo comportamenti, usi, costumi, mode, abusi e pazzie di tricasini giovani, trentenni e ottantenni, alla metà degli anni '80. Osservo e mi accorgo che rientriamo nella casistica comune: giovani con l'atteggiamento del "vissuto", sguardo fisso nel boccale di birra; ragazzine vispe e ben vestite che si danno meno di quel che sembra; trentenni in jeans, appassionati di calcio che parlano di soldi, mentre i quarantenni "devono" andare a pescare e giocare a tennis. Anche i nostri vecchietti cominciano ad essere molto vicini a quelli di Roma o Milano.

Un dialogo colto al volo, l'altro giorno, all'incrocio fra via Cadorna e via Roma, fra due anziane signore:

"Hai visto quel lazzarone cosa ha combinato ieri sera?"

"E già. Fa davvero male vedere certe cose"

Si riferivano all'antagonista di Luis Antonio nella telenovela "Anche i ricchi piangono". Mi sembra che la TV stia dando ad ognuno la possibilità di ritrovare il proprio prototipo culturale. Ed è una rivoluzione mondiale. Nessuno sente più bisogno di pensare e migliorare, basta cambiare canale.

Mimma Raeli (se facessimo un referendum penso che risulterebbe la commerciante più simpatica) mi dice: "I libri ormai sono solo oggetto di regalo, ben confezionato, mi raccomando, che poi magari pochi leggono. Sono pochissimi quelli che vengono a sceglersi un libro per il piacere di leggere un libro".

E del resto a cosa serve? Basta vedere "Superflash" e "Domenica In" per essere informati di tutto ciò che ci circonda. Non ha importanza che poi nel mondo si muoia per fame, si venga torturati senza fine per delitti mai commessi, che si vada in prigione e si aspetti il giudizio per dieci anni, che si combattono guerre assurde, non ha importanza che la vita scorra senza neanche averci provato, senza neanche prenderci gusto.

La TV ha unificato i desideri (adesso "la felicità" è una bella cucina) e quasi annullate le specificità locali, appiattito i nostri discorsi e le nostre serate.

Ci mancano sempre di più i momenti di sbalordimento, di meraviglia, ci capita sempre più spesso di sentirci consumati, come di aver vissuto un millennio e più.

Oppure, e questo è l'atteggiamento mentale che preferisco, "tanto è un gioco" e basta sedersi un attimo, osservarla e riderne o almeno farle una smorfia.

Aumentano a Tricase i soci dei *Inter Club*, *Juve Club*, *Milan Club*, *Club della Vela*, *dello Yatch* e *della barchetta* e *delle Moto*, *Circolo Cittadino*, iscritti alle palestre di Karatè, pallavolo, tennis, equitazione, iscritti all'ACI ("sai noi facciamo il week-end ogni settimana..."), iscritti alla società che fa sicuramente tredici ogni domenica. Tanta gente che si arrabbia di più.

Grossi movimenti economici non ne esistono, non sembra che Tricase stia scommettendo sul proprio futuro.

Sembra il posto dove il disordine degenera nell'ordine. È la Tricase della metà degli anni ottanta. Tricase che non ride, non si diverte, non sogna più. Tricase più case che abitanti. Tricase mediocre, non inventa e non sceglie. Tricase sorniona, tranquilla, furba e lontana. Tricase con tanti disoccupati e forse nessuno.

Tricase senza ironia, ricordata per le cose da dimenticare.

Tricase scolastica, ipocrita e arrogante.

Tricase una cambiale scaduta che Gigi Vasquez sta per mandare in protesto.

Ecco sono contento di essere nato qui, sul 40° parallelo, lo stesso di New York.

"Nuove Opinioni" – Dicembre 1984

La felicità o il denaro?

(Chissà perché mi viene in mente Bunùel e non Pippo Baudo che pure vedo più spesso).

Il regista spagnolo nel suo bellissimo "Dei miei sospiri estremi" scrive delle sue ultime giornate di vita, molto razionali e quindi tristissime:

"E ora di fronte a questi bicchiere di vino, medito seriamente sulla validità del successo e del denaro".

Io invece che riflettevo solo dalle 7 alle 7,20, in bagno, e non faccio in tempo ad avere pensieri così profondi, cerco solo di non conservare il senso relativo delle cose (convinto quasi quanto De Crescenzo che solo il IV secolo a.C. non abbiamo mai scoperto molto intorno alla felicità).

Rapportare le faccende umane a domande sempre uguali permette di sorridere su domande tipo "Dove va il campionato di calcio?", di non suicidarsi quando ti rubano l'autoradio, permette di pulirsi il naso ai semafori.

Questo è un bel modo di vivere. Poi c'è quello reale, quello delle beghe quotidiane, delle lotte per una fettina (neanche proteica) di potere.

Ed è a questo punto che bisogna fermarsi e farsi una domanda (grande e sempre uguale): "riesco a dare un senso a tutti gli sforzi quotidiani? È una maratona o uno jogging?"

Esiste un fermento a Tricase. È quello di persone di varia estrazione politica e sociale, che hanno deciso di lavorare in una maniera nuova, più vicini alla realtà economica di tutta l'Italia, forse di tutta l'Europa.

È quella che io chiamo "la piccola rivoluzione tricasina". Un fermento, un senso degli affari abbastanza caratteristici anche nei confronti dei paesi limitrofi e di paesi storicamente più forti, tanto che da più parti Tricase è ormai considerata più vivace di Maglie, per esempio.

Questo fermento nato magari per caso, o per necessità, sta diventando sempre più interessante e non c'è settimana che non ci siano incontri per costruire alberghi o villaggi turistici, piccole industrie o supermercati.

Magari di tutto questo non se ne fa niente ma l'importante è il fermento, questa cultura del rischio che cresce, questa molla strana del "lavoro che soddisfi".

Saranno molle individualistiche e ispirate soltanto al denaro, ma che piano piano stanno invece cambiando il costume collettivo. Nessuna promessa di felicità da vendere all'ingrosso, nessun interesse passionale per la politica (dovremmo davvero rileggerci questi presocratici), semplicemente tanta voglia di riuscire nel proprio campo, dandosi magari obiettivi sempre più grandi.

Insomma alla fine di questa corsa non c'è un messaggio preciso, forse una condizione umana più dignitosa.

Anche se Bunùel ci fa meditare ogni tanto sulla validità di tutto ciò.

"Nuove Opinioni" – Gennaio 1986

La lega della scarpa

"Fra il 1443 e il 1522 fu operante in Germania la LEGA DELLA SCARPA, una organizzazione di contadini renani che si era data come simbolo di Bundschuh (scarpa con legacci) in contrapposizione agli stivali dei signori". Fin qui l'enciclopedia Curcio.

Noi, direttori, megadirettori, capi-redattori e semplici collaborazionisti di *Nuove Opinioni*, abbiamo deciso di approfondire l'argomento e abbiamo mandato finalmente indietro, nella storia, il nostro giornalista d'assalto, il prof. Carlo Cerfeda.

Carlo Cerfeda si è vestito da semplice impiegato dello Stato ed è andato in Renania intorno alla metà del 1400.

In men che non si dica il nostro ha trovato un bar, sotto un orologio, ed ha cominciato a chiedere cosa fosse questa Lega della Scarpa e, mentre fondava un fantomatico gruppo indipendente, è riuscito a sapere che un conciatore di pelli aveva deciso di incominciare a fare le scarpe senza prendere le misure e che i monaci del convento si opponevano fino quasi a minacciarlo di scomunica. Il Padre priore, il biondone Fra Giacomo, era andato dal Vescovo, il beato Cesare, a riferire del fatto e aspettava sue decisioni. Tutti i confratelli scalpitavano perché pensavano che la gente potendo acquistare le scarpe senza aspettare che il vecchio calzolaio prendesse le misure, avrebbe pian piano capito che potesse organizzarsi sempre meglio, vivendo magari con più comodità. Avrebbe insomma finito per non pagare più le messe, i rosari, le questue, i funerali.

I contadini, accortisi di questo gioco, capendo che le scarpe sarebbero costate meno e avute in minor tempo, cominciarono a scioperare e gridare, inimicandosi monaci e signorotti, i quali avendo degli ottimi stivali a domicilio, non sentivano alcun bisogno di comprare scarpe già confezionate.

Battagli dopo battaglia si giunse ad un compromesso: il conciatore poteva fabbricare le scarpe ma il popolo doveva fare domanda ai monaci per poterle comprare. Vil popolo.

Fin qui le notizie del nostro cronista d'assalto.

Noi, comitato di redazione, direttori e vari, non fidandoci molo della sua obiettività, pubblichiamo con beneficio di smentite.

"Nuove Opinioni" – Marzo 1986

Il Bene e i servi

Raramente mi entusiasmo di sera vicino alla TV. Guardo stancamente, giocherellando con il telecomando, mentre leggo o mangio, o dormo. Quasi mai riesco ad apprezzare un intervento di un nostro uomo pubblico quando parla alla TV. Se poi parla, chiacchiera o piange qualcuno dei nostri, intendo del sud, sia esso politico, attore, atleta, disoccupato, mamma, sinceramente me ne vergogno e allo spot successivo desidererei essere lì, in quel posto di sogno che fa la pubblicità al bagno schiuma. Solo, con la sabbia, il mare, una barchetta (e una doccia).

Unica eccezione: lunedì 17 Marzo al "Processo del lunedì" mi sono divertito, anzi entusiasmato con un nostro conterraneo, Carmelo Bene. Ad un certo punto mi ha fatto provare sincera pietà per tutti questi giornalisti che, clicherati e presenzialisti, cercavano di seguirlo e magari contraddirlo nelle sue bellissime paradossali verità.

Che cosa ha fatto Carmelo Bene, nonostante l'imbarazzo del comico Biscardi e di tutti i presenti?

Due, tre cose fondamentalmente. Primo, basta con questo lecca-lecca; non se ne può più: in Italia sono tutti bravi, sinceri, campioni, simpatici.
Secondo, i violenti sono la massima espressione dei tifosi, gli stessi alimentati da tutti e che per questo bisogno violento riempiono gli stadi, non marziani scesi per disturbare il divertimento altrui.

Terzo, da non il calcio è tutto serie B, almeno nel senso che ogni domenica si vede poco calcio, poco spettacolo, poco correre, poca fantasia, poca voglia di divertirsi.

In una nazione che confonde rispetto a sapere (lasciare) vivere con il più bieco conformismo, che si bea della retorica delle stragi (ricordate Boniperti nel dopo-Heysel?) e in cui siamo tutti vittime di chissà quale macchinazione, ho amato Carmelo Bene.

Un leccese quasi dimenticato (quando verranno le bande a Tricase invitiamo lui e non il Jurlano di turno), un sano provocatore che ci serve, in una provincia di umili servi.

"Nuove Opinioni" – Marzo 1986

Radio

Giovane cronista con un microfono in mano,
prima radio libera,
una notte in mare con i pescatori.
La paranza lascia il porto inglese,
le luci delle lampare sono diverse viste a pelo d'acqua,
i pescatori sono impauriti dal mio registratore,
parlano e gesticolano veloci.
Sensazioni, problemi, fondali conosciuti,
pesce sparito, bombaroli,
vita da cani, lamenti a quintali,
ho tutto per una trasmissione.
È freddo ormai, non pensavo
Che potesse fare così freddo in agosto.
Il Canale, come sempre, s'è mosso,
ma ormai penso alla grigliata di pesce
che faremo accovacciati sul molo.
Ai vecchi piace la birra e il pesce.
Il porto è vicino,
il mio andare su e giù per tuta la notte,
a domandare, a risentire,
play, rew, ff, rec,
siamo sul molo,
ultima rullata,
gran vomitata sul pesce freso.

1998

Una sculacciata, per favore

Parliamo un po' di tifo. Fino a qualche anno fa lamentavamo la totale assenza di partecipazione collettiva al fenomeno sportivo in genere. Ricordo che nei primi anni della pallavolo non si andava al di là di generiche bestemmie verso l'arbitro. Per il calcio invece erano solo insulti per giocatori, allenatori e dirigenti. Chi apprezzava rimaneva in silenzio. Ora la situazione è cambiata, il calcio ha i suoi ultras con tanto di capo-ultras, riunioni serali, cartelloni e sponsor vari, la pallavolo fonda il suo tifo sulla clack (mi dicono chiassosissima) di una trentina di ragazzi armati di tamburi, trombe e slogan.

Il tifo, si sa, è corroborato dalle vittorie, pericolose a volte più delle sconfitte. La vittoria dà un senso di potenza, quasi di prepotenza, di poter spaccare il mondo, urlando tutti insieme. Questa prepotenza, mal gestita, coltivata da fanciulli un po' viziati, può diventare soltanto violenza.

È diventata negli stadi di calcio, in quelli di basket e in altri posti simili. Quando non è violenza fisica è violenza verbale del tipo "Sporco Negro" ai giocatori di colore o inni sulla morte del genitore di un calciatore e così via.

I nostri ragazzotti sempre pronti a recepire le scemenze altrui hanno riempito le strade di Tricase di scritte "RED BLUE BOYS" e poi si sono attaccati addosso dei distintivi con la scritta "MOLTI NEMICI MOLTO ONORE" (in odor di camicie nere).

Ci sarebbe da fare naturalmente molto humor su questi nostri giovani, ma mi sembra il caso invece di richiamare l'attenzione su un fenomeno nuovo e violento che, non controllato, potrebbe diventare un gioco molto pericoloso.

Mi riferisco che alla prima uscita della Virtus Pallavolo questi ragazzotti (sembra siano digli quindici-sedicenni di professionisti), abbiano assalito un giocatore del Ruffano, già protetto dai Carabinieri per i continui insulti rivoltigli durante la gara e che poi abbiano dissestato il pullman della società ospite (e non è la prima volta).

Gli ultras del calcio meritano invece un discorso a parte, sempre pronti ad esaltarsi per niente e a buttare giù la baracca alla prima sconfitta interna. Questo esternizzare è infantile, ma mi dicono che il calcio riporta all'infanzia ("il pallone è mio, l'arbitro lo faccio io e io devo vincere").

Ora, fermo restando che gli stupidi rimarranno sempre tali, questo vuole essere un invito alla Società, specie quella di Pallavolo (sa Giuseppe Colazzo quanto io stimi il loro lavoro e la loro non comune programmazione). Tricase non ha fama di essere paese inospitale, duro, pericoloso, anzi, per certi versi, diciamo che a Tricase per anni si è vissuti in clima di reciproca tolleranza. Anche politica.

Dall'esterno è giudicata una cittadina intelligente, vivace ma estranea alle inquietudini di altri paesi della nostra Regione o Provincia. Il Calcio e la Pallavolo vanno sui giornali ogni giorno (il piano regolatore una volta ogni due anni) e molte immagini vengono distorte dalla presentazione che di esse se ne fa ed è dunque un problema da porsi.

Noi Greci, Bizantini dovremo continuare a coltivare quel bellissimo senso di civiltà e superiorità che è l'ospitalità.

Ma a parte l'immagine, questo è un invito alla Società ad isolare (non accettare mai convivenze con i violenti anche se per amor nostro) questi ragazzini che a volte hanno solo bisogno della sculacciata di papà.

"Nuove Opinioni" – Ottobre 1986

Spettacoli di autocitazione

Nessuno chiede che Tricase sia capace di organizzare spettacoli grandiosi, che sia in grado di farci scoprire nuovi Shakespeare o nuovi Beethoven. Oggi è difficile ovunque additare un opera come immortale, nessun trattato politico-economico è una pietra miliare per lo "sviluppo dell'umanità". Non c'è neanche più il problema della libera circolazione: ognuno rappresenta o fa quel che vuole, tranne poi accorgersi che vige sempre un conformismo dettato dalle circostanze. Il vero problema oggi è come far circolare, nella maniera più veloce possibile, idee, spettacoli, saggi, films di natura e ideologie diverse (anche se oggi tutti sono per la pace, il disarmo e la democrazia!). Questo problema si accentua con la crescita dei mezzi audiovisivi, il quali hanno, per lo stessa natura, eliminato la fissità e l'immortalità (ve lo immaginare Gesù Cristo coinvolto nella Guerra del Libano, che rilascia interviste a Bruno Vespa?).

Insomma, la veloce circolazione delle informazioni è il segno dei nostri tempi, l'unico mezzo per addentrarsi nelle sfaccettature della vita quotidiana, nelle nostre diversità.

È questo lento tentativo di prendere di rendere vivibile il nostro tempo che può creare anche circolazione di denaro, idee e lavoro; il nostro essere tagliati fuori è anche frutto della nostra incapacità propositiva.

Le istituzioni, i partiti, il comune, gli enti turistici invece di porsi questo problema, invece di colmare il vuoto degli assenti circuiti distributivi, invece di lanciare programmi a lungo termine e di lunga durata, cercano soltanto, disperatamente, di far sapere che esistono (ma per fare che, poi? Organizzando dei rituali raduni di autocitazioni e autocompiacimenti.

"Nuove Opinioni" – Ottobre 1986

Il Tricase ricomincia da tre

Mentre il calcio vive le sue ormai solite giornate di mortificante violenza (della stampa, dei tifosi, dei calciatori e dei dirigenti) e di supplichevole attesa del mondiale messicano, il nostro "piccolo" calcio continua silenziosamente a vivere.

In punti di piedi, senza molti clamori né sussulti, il Tricase, per il terzo anno consecutivo, cerca di risalire in promozione. Un anno particolare con il Lecce in serie A (a proposito la violenza e il sadismo di Jurlano in TV è stato uno dei più brutti spettacoli dell'anno) che ha tolto tifosi a tutte le squadre salentine ed in alcuni casi tolto l'interesse per interi campionati. Niente di strano, ma senz'altro tante delusioni per dirigenti locali. Organizzare una squadra significa, in molti casi, sacrificare, senza farsi notare, molto tempo e denaro, non facciamo del caso singolo la regola generale e si rischia, ora, quasi sempre la serie A (che poi in generale offrono uno spettacolo alquanto blando), di quei cento o duecento ragazzi che in ogni paese si dannano per un posto di prima squadra non importa niente a nessuno. Nel disinteresse generale succede, poi, che questi ragazzi si abbandonino a genti plateale tante volte sognati, alla violenza che fanno esplodere ogni domenica, anche in campo. Come si fa a insegnare loro cose diverse, se l'unica cosa che conta è quell'attimo di gioia del goal? Ci sono intere squadre nei campionati dilettanti che si trovano solo la domenica e non hanno alcun piacere nello stare insieme; nel creare squadra, l'unico valore di ricercare in paese, per geografia ed economia, lontani dal poter creare calciatori di serie A.

Il fatti negativo dell'attuale dirigenza dell'unione sportiva Tricase è di non aver mai individuato bene queste premesse e si è lasciati andare (ritornando indietro di qualche anno) ad un discorso tutto finalizzato alla classifica, acquistando elementi esterni (di dubbia utilità) e sacrificando quei ragazzi locali che, con accanimento, da anni aspettano il loro momento.

Conclusione: epurato un centrocampo troppo fine, la squadra si è ritrovata per oltre metà del campionato senza un gioco; un campionato che doveva essere finalmente una passeggiata ci vede ancora soccombere di tre punti dalla matricola Gagliano (ma si può ancora riprendere); nonostante l'esperienza di alcuni elementi si è andati a perdere esattamente come negli anni scorsi contro Taurisano e Specchia, squadre alquanto modeste.

Meglio sarebbe stato insistere su un gruppo di giovani di sicuro affidamento, anche caratteriale, riperdere il campionato, magari, ma creando le nuove basi per un futuro amico rispetto alla realtà del Paese (non un futuro di sogni, visto che per fare un campionato come quello dello Scorrano, ci vogliono oltre 200 milioni).

Vi garantisco: se il calcio è un gioco e lo si fa (tutti) per divertirsi è meglio creare una squadra di giovani entusiasti che di finti campioni. A meno che, e qui faccio ammenda di ignoranza, non si sia spinti da altri motivi.

"Nuove Opinioni" – Ottobre 1986

Vivere come nelle interviste

Cominciamo con la verità. È da quando sono nato o appena subito dopo che cerco di vivere come nelle interviste. Poi durante una domenica di noia mi capita un settimanale, che al solito, bandisce il concorso estivo per scrittori incompresi e decido che è arrivato il momento di farsi sentire.

Ho la preoccupazione della originalità del testo, di quella dichiarazione di inedito che dovrebbe accompagnare il mio scritto. Mentre penso a un bel dialogo sulla strana vita di un uomo e una donna a Tricase, nella sperduta provincia italiana (si dico sì, no?), mi spaventa il fatto della firma. E se il mio racconto venisse bocciato perché non mi sono firmato con tutti e due i nomi di battesimo o perché non ho scritto veramente cosa faccio e quanto guadagno al giorno? Domani mattina vado in Municipio e mi faccio autenticare la firma.

L'afa di oggi è come tutti i pomeriggi di Marquez, anzi come quelli di Levi al confino o come le canzoni di Paolo Conte. Ha provato a descriverli pure Girolamo Comi, dalla sua villa di Lucugnano, con un tardo ermetismo. E i nostri pomeriggi sono pure nelle strofe contadine di Rocco Ingletti, che declama ad ogni angolo, iscritto a pagamento a tutte le riviste della nuova poesia. Questo pomeriggio caldo, tedioso, lungo, infuocato, una mosca che gira nella penombra, una moto lontana, pochi rumori, senza respiro, senza sesso, puzzolente di marcio. E io che questo pomeriggio l'ho consacrato a me, finalmente: dire in una lunga intervista-verità tutto su di me.

Il mio lavoro prevede la segretaria, l'organigramma lo impone e vuole imparare tutto: le dico di copiare il fac-simile del settimanale e scriverci sopra i miei dati e cosa faccio. Dopo cinque minuti è pronto, posso andare al Municipio di Tricase. L'impiegato dell'Ufficio Affari Generali è un buon uomo alto e grosso, voce sempre più baritonale del dovuto, mi chiede a cosa serve l'autentica della firma. Gli dico che è scritto sul modellino che in mano, lo rilegge, si abbassa gli occhiali e mi fa:

- Ah, vuoi diventare pure scrittore!-

- No, è solo per divertirmi, per provare – provo a difendermi (intanto re persone che fanno la fila dietro di me ridono, o almeno, così sembra. Sono sicuramente interessati alla cosa).

- Va bene, va bene, ma non ci sarebbe bisogno di autentica-

Il capo ufficio degli Affari Generali del Comune di Tricase scuote la testa, inchiostra il timbro e firma; mi sento più tranquillo. Sto per andarmene, non senza aver lungamente ringraziato, quando mi accorgo che uno dei tre della fila è uno dei maggiori frequentatori della casa dell'assessore regionale.

- Fra poco – penso – tutti i salotti PPT (pettegolezzo & politica di Tricase) sapranno che sto per scrivere – e stavolta seriamente – un qualcosa per il settimanale più famoso d'Italia. Si aspettano qualcosa di forte sulla vita del paese e invece io vorrei vivere come nelle interviste. Stamattina, appena sveglio, ho letto di Renzo Arbore. Beato lui, si diverte e basta. E poi tutti, non solo lui. Nelle interviste dicono cose intelligenti, anche Eros Ramazzotti sul "Monello". L'unica mia aspirazione è quella di riuscire a scrivere un qualcosa, un'intervista a me stesso, per creare un personaggio e poi provare a vivere come scrivo. E allora mi immagino un'incalzante botta e risposta:

- Ti senti realizzato? –

- Abbastanza, mi piace quello che faccio. Vivo in un posto tranquillo, c'è pure il mare, amo le storie contadine, giocare a calcio e raccontare un'ambiente dal suo interno, con tutte le sue smagliature.-

- Di che segno sei?-

- Capricorno-

E poi continuare così a parlare di me, diventare finalmente qualcuno da intervistare. Perché questo è: la difficoltà a farti la prima intervista. Poi tutto si dovrebbe aggiustare. Intanto i politici si aspettano che scriva contro di loro: per il gusto tremendo dei giochi sottili e ambigui, devo farlo o devo almeno farglielo credere.

La sera è umida. C'è umido su di me, la mia maglietta, sulla mia sinusite, sui miei pensieri. Tricase vive nascondendosi, come una sera a teatro, in un'operetta, senza squilli e senza commozione.

Ed eccoci con registratore in mano, quaderno e penne, una nera e una rossa.

Sono al bar del centro, è il decimo o undicesimo caffè che pago; tutti mi chiedono cosa sto per scrivere ed io con aria di sufficienza: "Le solite cose, le soliti degli ultimi dieci anni". Un sorriso. Mi fermo per una ventina di minuti e a qualcuno chiedo: "Qual è la vera ragione per cui il piano regolatore generale non viene mai approvato, pur essendo la prima delle promesse elettorali?". I colloqui sono leggeri, altre battute, le cose hanno un'importanza relativa. Al professore di filosofia, che naturalmente sa già che devo scrivere per il settimanale più famoso d'Italia, gli chiedo, sapendo di fargli enorme piacere: "Ma il nostro Sud è a Sud di nessun Nord, oppure è storicamente volato a questo suo ruolo vittimista e populista?" E lui pronto a rispondere per un lungo quarto d'ora, una piccola lezione. Ed io che, mentre il registratore va, penso a cosa devo realmente chiedermi. Una domanda sul sesso? E sui miei principi della vita? Passa il Sindaco e mi vede con il registratore in mano e poi passa l'uomo che era in fila, il frequentatore della casa dell'assessore regionale. Ad altri competenti di politica faccio strane e futuristiche domande e ricevo risposte serie e compunte:

- Come lo vedresti un ponte fra Tricase e l'Albania?

- Molto bene. Darebbe un forte impulso alla nostra economia.

Naturalmente nella mia intervista racconterò che faccio sport, senza essere un cultore del corpo, che gioco perché ne ho voglia, solo calcio, please, niente sport snob, niente tennis o golf.

Proprio come si parla nella interviste.

Ormai l'intervista è pronta. Gli ingredienti ci sono tutti, botta e risposta classico, pochi commenti, una filosofia di vita appena abbozzata, elegante, una consacrazione per me e per il posto dove vivo. Finalmente.

Mi telefona il segretario personale dell'assessore regionale. È un nostro cliente, in fondo. Mi chiede distrattamente di affari e poi:

*- Ma davvero stai scrivendo per quel settimanale le solite cose su
Tricase? E anche contro l'assessore?*

- Non ti preoccupare – faccio io – è pubblicità, solo pubblicità.

So di avergli messo una curiosità enorme.

*È fatta. La mia segretaria ha finito di battere gli appunti, chiede
se occorre la raccomandata con ricevuta di ritorno, mi fa firmare
assegni, lettere, disposizioni. All'Ufficio delle PT di Tricase, ignara
e ingenua, si dirige proprio verso lo sportello dell'impiegato assiduo
frequentatore della casa dell'assessore. Guarda la busta, l'indirizzo,
poi la segretaria e capisce. Quella busta contenente, finalmente, una
mia intervista, coordinata ed elettrizzante, arriverà fuori tempo
massimo per partecipare al concorso per l'estate. Prima di vedermi
pubblicato, di riuscire a vivere come nelle intervista, passerà ancora
del tempo.*

La notte è piena di stelle rossicce. L'afa del giorno non si è
diradata con al brezza del mare. Un silenzio con latrati lontani e
inutili. Ti viene spontaneo, seduto sul marciapiede, pensare a tutti
quelli che hanno vissuto prima di te. Notte opprimente con un peso
antico.

Ma poi, a notte fonda, se cammini, senti odore di pane fresco,
vedi una luce accesa e non ti prendi più sul serio.

1987

Magnifico rettore, non so più che dire

Magnifico rettore, le scrivo queste poche righe perché penso che lei vorrà rispondere. Ad altro che ritengo più impreparati nella difficile arte del pensare è da molto che non chiedo. Mi limito a brevi cenni di testa, a brevi battute sarcastiche e banali, a sofferti sì, a qualche caffè. Mi faccio violenza ma non oso chiedere, non oso proporre, non oso arrabbiarmi.

Il livello di prostrazione pubblica, il livello di sofferenza è talmente tracimato, da vedere sempre più spesso il lavoro come unico modo di vivere questo paese.

Parlo di lavoro e basta, questa è la regola (e mi sento un po' il contadino di cinquant'anni fa che non aveva molte altre distrazioni).

Ognuno per la sua parte, ognuno in relazione al suo modo di vivere, credo che oggi senta per Tricase questo tipo di insofferenza, questo peso dell'immobilismo.

Dieci anni fa, non lo nascondo, amavo di più questo posto (forse mi divertivo di più) e volevo cambiarlo. Oggi non più, forse anche perché il cambiamento dall'interno non appare mai tale.

Ma oggi più di ieri vedo un popolo senza memoria, senza coscienza di sé, senza dignità, sempre più servile, sempre più pigro, indifferente. (Perché non viene qui un bel tipo e non scrive il più bel romanzo del scolo?).

E lei, magnifico rettore, è persona troppo sensibile per non avere queste percezioni, troppo intelligente per non sentire sempre più forte un'incombente monotonia, questo disastro collettivo.

Lei che viene usato e poi distrutto. Lei che tra poco sarà chiamato in qualche retorica, stupida manifestazione. Lei potrà risalire sulle scale di qualche sagrato per ricevere un premio o per tagliare un nastro.

Lo riconosco: la sua posizione era scomoda e lei ha cercato di usare il suo carisma per violentare questo paese o almeno la sua parte dominante. Quando era ormai chiaro che lei, eroe romantico, non ci sarebbe riuscito, speravamo in una sua denuncia pubblica, in una dura riflessione.

E invece il silenzio. Per noi che guardavamo dall'esterno è sembrato che per lei fosse tutto apposto.

Il Ponziopilatismo ha colpito ancora.

Per noi che stiamo tentando di lavorare in maniera più pulita, più trasparente, che ogni giorno sgomitiamo per non farci travolgere dal tumulto ideologico-affaristico di questi tempi, che vogliamo avere interlocutori sensibili e pronti, che vogliamo sentirci nella realtà anche senza schierarci apertamente con qualcuno (a meno che tra poco non diventi obbligatorio), per noi – dicevo – è stato un colpo duro. È brutto un paese dove l'intelligenza sconfitta rimane pure in silenzio.

Aspettavamo un suo grido e non c'è stato.

E forse il grido dell'intelligenza non ci sarà mai.

Non mi faccia ripetere tutte le pappardelle e tutti i programmi così ben esposti in questa campagna elettorale. Vorrei solo dirle che in questa logica di governo attento e corretto c'è bisogno di dar voce alle cose che cambiano, di creare dei punti di riferimento ideali per intraprendenza e intelligenza (guarda caso, parola mai ascoltata negli ultimi comizi). Se è utopia lasciamo perder e pensiamo ai nostri figli, se è una strada praticabile lei ha sbagliato. E insieme a lei i vari Giacovazzo, Hervè Cavallera, Ercolino Morciano, Tonio Facchini e tanti altri, gli uomini cioè con l'esperienza giusta, il talento, l'onestà, la vocazione, la cultura, l'intelligenza per governare.

Anche per chi non avrebbe comunque governato il paese, sarebbe stato importante questo gesto nuovo o almeno questo grido dell'intelligenza (c'è chi dice che gli apparati di partito, una specie di nomenklatura di brezneviana memoria, non avrebbero in ogni caso accettato quella lista), perché anche il semplice gridare avrebbe rotto quel muro di gomma che ci sovrasta.

E non mi dica come ha detto all'*Espresso* che è una questione caratteriale, che noi leccesi, barocchi e sciroccati diciamo sempre di sì a tutti (ricorda il vecchio Cordacci?) perché in questa politica del disturbo si dicono ormai solo dei no.

P.S. – A qualcuno che con una certa frequenza mi chiede come mai non mi diletta più a scrivere qualcosa su questi fogli rispondo che non ho più il tempo di leggere molto e quindi non trovo l'ispirazione per scrivere. A lei che è stato il mio esaminatore di maturità, che mi ha fatto domande sul romanticismo minore e sul "Meriggiare pallido e assorto" le posso confidare un segreto: non so più che dire.

"Nuove Opinioni" – Luglio 1988

Gioco dunque sono

Gennaro Ingletti che ha il merito di insistere su "Nuove Opinioni", e di credere nello sport, mi chiede di parlarmi addosso, del calcio, del mio calcio. Ma l'impresa non è facile.

Viviamo in un momento in cui il calcio si identifica con il "Processo del Lunedì" e "L'Appello del martedì" in campo nazionale; mentre fra i dilettanti è sparita quell'idea di società intesa come associazionismo curato e colto ed ha lasciato il posto ad una specie di limbo sospeso tra affari e politica, sempre e comunque poco chiaro. Prova ne sia che dell'U.S.Tricase, che gioca in un ottimo campionato, quello di Eccellenza, non si sa chi sia il presidente, la società e neanche, forse, l'allenatore. E come il Tricase, purtroppo, anche tutte le società del Salento.

In una situazione così degradata, e dove il pubblico pagante non supera quasi mai la cinquantina di persone, lo scenario si sposta su livelli diversi, magari più personali. O più antropologicamente sociologici.

Infatti la battaglia competitiva domenicale, degli 11 contro 11, definita da molti la continuazione naturale delle guerre tribali per la conquista di nuovi territori, dà spazio alle più sfrenate fantasie psicoanalitiche. Per quel che mi riguarda, oltre alla voglia di vittoria, e al banale "hobby domenicale", vi è una guerra nella guerra, quella cioè che combatto contro ragazzi più giovani e, a volte, più violenti. Perché, se guerra deve essere, allora che sia una guerra con delle regole tra galantuomini (come quelle guerre combattute fino a qualche secolo fa tra capitani coraggiosi, onesti e orgogliosi) e che vinca chi ha più il senso del tatticismo, chi ha più fantasia, chi ha più necessità, più motivazioni.

Ed ecco perché il calcio, della terza categoria alla serie A è, in fondo, uguale. Ti prende allo stesso modo quando giochi.

Comunque, caro Gennaro, se abbandoni per un attimo la pallavolo (sport più evoluto, perché giocato con le mani, arti che erano primordialmente dei piedi) potrai vedermi in pantaloncini tutte le domeniche. E ti faccio una confidenza: qualche mese fa avevo deciso di smettere; portare a spasso una pancetta incipiente cominciava ad avere un peso preponderante, rispetto alla pulizia del tocco, alle finte di corpo e ai lanci di cinquanta metri. Poi il Tricase ha ingaggiato un calciatore di 42 anni, che io avevo incontrato da avversario nel '74/'75 ed ho deciso di continuare, almeno fino a quella età, fino cioè al momento in cui qualcuno più in alto si accorgerà di me (come calciatore) e mi chiamerà in una bella squadra. Giocare, giocare.

"Nuove Opinioni" – Aprile 1992

Dieci milioni

Di tanto in tanto mi capita di esercitarmi con la fantasia sulla vita futura su questo pianeta. Alla fine, alla stregua di un gioco, gli ho dato un nome "dieci milioni" ed è molto semplice: consiste nell'immaginare cosa succederà di ogni minima o grande cosa fra dieci milioni di anni.

E allora vengono fuori cose sempre nuove e spesso diverse con quelle immaginate prima, poi ci sono quelle più ricorrenti e quelle che, andando per estremi, ti sorprendono. Dieci milioni sono tanti tantissimi se immaginati uno ad uno, con il ritmo di sviluppo tecnologico dei nostri ultimi anni. Provo a mettere ordine in questa bailamme fantastica che è un po' gioco virtuale, un po' fuga dalla realtà e infine relativizzazione totale dei nostri problemi quotidiani.

"Fra dieci milioni di anni la gente utilizzerà solo strade sotterranee: il sovraffollamento degli umani on consentirà di utilizzare l'atmosfera che, bene prezioso, verrà concesso con parsimonia, solo dietro regolare permesso, tanto per far conoscere il sole anche ai più piccoli. I trasporti sotterranei saranno silenziosi ed ecologici e all'esterno si potranno utilizzare solo piccole astronavi ad idrogeno.

Lo spazio sarà una casa per milioni e milioni di umani, con tanti pianeti resi abitabili dalla scienza che riuscirà a ricreare l'atmosfera, l'acqua e il ciclo vitale in tempi brevissimi (tipo 10000 anni).

La lingua sarà una sola su tutto il pianeta e il colore della pelle sarà uguale per tutti. Il governo centrale sarà unico con un controllo maniacale e perfetto su tutte le attività di tutti.

Gli uomini in definitiva avranno un unico super-chip che verrà installato al momento della nascita con il quale dovrà convivere per tutta la sua vita (che sarà lunghissima, quasi interminabile). Anzi il cervello attuale è un semplice terminale sul quale installare questo benedetto chip (o come si chiamerà: a volte, nel gioco, si possono dare anche nomi a tutte le future cose). Con questo chip si evita di andare a scuola e studiare, si dovrà solo ipotizzare il futuro perché ogni uomo possederà la conoscenza diretta dell'evoluzione umana. Al contrario di quanto avvenuto per noi, gli abitanti "dieci milioni" conserveranno in mega computers tutte le informazioni degli ultimi milioni di anni. Per esempio l'italiano che sarà una lingua morta da almeno 8/9 milioni di anni, sarà conservata e può essere consultata da chiunque in qualsiasi momento. Potranno comunicare con il chip con chiunque, basta che venga pensato, un collegamento diretto si formerà fra i due soggetti, e senza che aprano bocca. L'accoppiamento avverrà solo con il cervello e il matrimonio è un concetto sconosciuto e saranno visti con curiosità tutto quell'affannarsi attuale su coppia e figli.

È chiaro che l'uomo non nascerà più nell'utero materno, ma in sofisticate incubatrici, che daranno in tempo reale la vera identità dell'individuo che dovrà nascere. Il tempo di incubazione non supererà i dieci giorni. Le mamme saranno delle consegnatarie, con il compito di veloce addestramento alle verità consolidate. L'utero per le donne sarà un ricordo, così come la coda per noi. L'amore si farà attraverso il chip del proprio cervello, che potrà a comando dare soddisfazioni sessuale. Il contatto sarà aborrito per questioni igieniche e comportamentali, perché lo stato centrale avrà ormai da lunghi anni scoperto che dopo ogni contatto nasceva qualche inconveniente.

La religione sarà unica e non ammetterà repliche ed era una specie di summa di tutte le religioni presenti sul pianeta qualche milione di anni prima: nessun dio esterno (la scienza aveva scoperto tutto e il big bang non era stato ordinato con un dito), ma un "libro delle convenzioni" accettato da tutti, a formare la nuova morale, basata sulla scienza e la scoperta. Una morale dove tutto è consentito e controllato. Vecchi filmati ancora disponibili, mostrerebbero sacerdoti (tipo papa) che cercano di difendersi tenacemente da ogni innovazione, senza possibilità di vittoria.

La medicina avrà fatto dei progressi tali che ogni cosa ipotizzata sull'uomo sarà possibile: da cinque milioni di anni si potrebbe non morire mai. Si muore solo se qualcuno, andando a pescare qualcosa di indefinibile in quel terminale chiamato cervello, si stanca".

Questo è il gioco in una sua piccola sintesi e si può spaziare su tutto dalla più importante alla più misera: dallo sport alle arti e ogni cosa ci apparirà così diversa da sembrarci abominevole eppure è semplicemente diversa da oggi così come noi siamo certamente diversi dai nostri avi di appena 5000 anni fa. Chi vivrà, vedrà.

2000

Cari amici di "Città per l'uomo"

Sono Alfredo De Giuseppe, le presentazioni sono inutili.

Vorrei dare il mio contributo al dibattito che si è aperto, per fortuna, anche a Tricase, sulle scelte social, sulla vita politica e forse anche sulla vita.

Devo scriverVi perché i miei impegni (seppur umili) mi portano spesso a non essere presente in Tricase (in coincidenza con i vostri dibattiti).

Cerco di condizionare piuttosto il lavoro alla partita domenicale del Tutino Calcio.

Vi scrivo (come vi parlerei) per raccontarvi due cose.

Nel 1983 ero un giovane commerciante in attesa della prima figlia con la voglia di discutere di politica. Seguivo tutte le conferenze, ascoltavo molti filosofi, leggevo molto di più di oggi. Ero attratto dall'idea di contribuire a cambiare Tricase, convinto che "coltivare il proprio giardino" fosse il nostro principale interesse, cambiare il microcosmo poteva significare incidere nel cambiamento globale.

C'erano le premesse, o meglio intravedevo io ed un gruppo di ragazzotti allegri. Né Marx, né Lenin, né Comunione e Liberazione, nessuna ideologia preconcetta, nessuna difesa del singolo partito, ma l'ancoraggio ai fatti, solo ai fatti, all'evidenza della propria lettera.

Ci presentammo in modo scanzonato e irriverente alle elezioni amministrative del 1983 con il simbolo della mela bacata. Ci divertimmo come non mai, anzi come sempre. Lanciammo comunque un messaggio: non chiedemmo il voto, riuscimmo ad ottenere un consenso morale (elettoralmente no, quello era appannaggio comunque della DC) e prendemmo 149 preferenze.

In un dibattito successivo fummo accusati da qualcuno (i laureati sono intellettuali?) di essere comunque la stampella della DC, da altri di essere dei qualunquisti o giocherelloni, da altri di non aver capito niente della vita.

Io dissi che era l'ultima volta che parlavo in pubblico, che mi dimettevo da "politico" e avrei pensato di costruire qualcosa di economicamente valido e "poi ci rivedremo tra 10 anni".

Oggi dopo 10 anni sono venuti a maturazione i tempi dell'abbandono dei partiti: ma perché 10 anni fa furono proprio gli intellettuali a farsi carico di coprire con il loro silenzio tutte le menzogne da strapazzo?

Era piacevole stare dalla parte del vincitore esattamente come gli intellettuali durante il fascismo?

Ed è questa la questione per cui scrivo e che sollevo.

5 anni dopo, nel 1988, avevo molto meno tempo per seguire la vita politica di Tricase. Ma seppi delle tempestose riunioni in seno alla commissione elettorale della DC presieduta dal prof. Donato Valli. Seppi che si era trovato di fronte al muro di gomma dei giochi di corrente e che la lista da lui presentata fu bocciata dai soliti manovratori politici.

Presi carta e penna e scrissi un articolo su *Nuove Opinioni* in cui chiedevo come può una persona della cultura e onorabilità di Valli accettare questi giochini. Gli chiedeva una pubblica risposta altrimenti – dicevo – sarebbe stata la fine di ogni speranza; la politica era una cosa strana in mano a strani personaggi. Nessuna risposta, nessun articolo, nessuna denuncia.

Non è stato facile in questi anni lavorare senza farsi invischiare dalla melma, visto il necessario, contiguo contatto con politicanti di tutte le specie. Ho sperato in un colpo di coda dell'intelligenza umana, in una pubblica sconfessione di certe logiche dominanti. Per anni tutti a razzolare e a distruggere le motivazioni più sane della battaglia politica e, acriticamente, tutti inquadrati in silenzio, pronti ad accettare tutto quello che va succedendo. Semplicemente un azzeramento delle tessere DC e via alla fondazione della nuova DC, con gli stessi uomini e le stesse logiche. Perché non provare con un azzeramento reale e cominciare da capo, nel modo più "Politico" possibile? Per me non vi è niente da ricostruire ma tutto da ricostruire. Non è ipotizzabile oggi un richiamo a valori di 50 anni fa; non interesserebbe a nessuno.

Va fondata la nuova cultura della politica, la nuova cultura della propria terra, inserita con originalità in un contesto di internazionalizzazione.

Voi dovete farvi carico di questo: non di dar peso alla solita DC. Le sigle non hanno più significato ed è il momento, in modo libero, di dare spazio a chi ha denunciato, a chi è andato controcorrente, a chi si avvicina alla politica con passione verginale.

Che qualcuno dica concretamente come vorrebbe vivere e far vivere gli altri, dalla scuola alla sanità, dalle piazze alle feste, con un occhio ai conti e l'altro alla fantasia. Magari per iscritto, signori. Scrivere solo poesie non basta più.

Dibattito per la costituzione del movimento
"Città per l'Uomo", in Tutino – Febbraio 1993

Carissimo don Donato,

salto i convenevoli. Mi parli da anni, quando ci vediamo, della nuova Chiesa. Ho letto su "Siamo la Chiesa" il tuo entusiastico annuncio.

Da anni ti dico che non sono d'accordo. E ho sempre esitato nel rendere pubblica la mia idea per evitare di passare per il solito imperterrito "bastian contrario". E mi permetto di esserlo con te, con la massima franchezza, data la profonda stima che ho di te, per quello che nel sociale e nella comunicazione hai fatto negli ultimi venti anni.

La tua motivazione (mi sembra unica) è solo di ordine pratico: l'attuale chiesa di S.Antonio è piccola, la gente vi entra a difficoltò, bisogna edificarne una più grande ed accogliente.

Il dissenso lo riassumo brevemente in tre ordini di motivi:

1) l'abbandono di un centro storico dovrebbe essere di per sé un fatto traumatizzante e che dovrebbe far riflettere. Lasciare una posizione tenacemente conquistata può voler dire disperdere quel poco di buono, per fedeli e non, che si è costruito negli anni. Essere in Piazza Cappuccini (per tutto ciò che essa rappresenta nell'immaginario giovanile) significa essere un baluardo, o almeno una presenza, una certezza. Non esserci più significa abbandonare, andare a cementificare ancora, da qualche altra parte, allungando a dismisura una cittadina di appena sedicimila abitanti. Storicamente i nostri avi hanno costruito le loro case vicino ad altri perché, nonostante le antipatie, le gelosie, le cupidigie umane, avevano bisogno di confrontarsi e difendersi. Ora le loro case sono quasi tutte abbandonate, escluse quelle gentilizie, e la gente ha preferito le periferiche "167" con l'appartamento di 80 mq, lasciando casa di uguali dimensioni in centro storico. Se si fosse speso il giusto per ripristinare, con i nuovi e necessari servici, le vecchie abitazioni, oggi avremmo un paese più bello, più vivibile, più raccolto. Gli stessi ragionamenti devono valere per la tua chiesa.

2) Mi sembra non sia stata espressa tutta la fantasia possibile per

trovare gli spazi giusti in piazza Cappuccini. Le nuove tecnologie hanno mostrato tante soluzioni efficienti ed eleganti anche per strutture provvisorie (tensoplast e vari) che avrebbero permesso un ottimo utilizzo degli spazi vicinali all'attuale chiesa. E sicuramente con uno sforzo economico inferiore all'attuale. Senza contare che era scontato che prima o poi quel carcere soprastante sarebbe ritornato ad una destinazione più consona e certamente vicina alle tue esigenze.

3) È un vecchio vizio, dai faraoni in poi. Non vorrei che sentendo qualche brontolio (o adulazione) del fedele "fedele", ti sia completamente dimenticato delle motivazioni dei due punti precedenti e ti sia convinto che fare una chiesa un po' più grande avrebbe significato fare una grande Chiesa. In buona fede, senza dubbio. Ma inconsciamente è nata la voglia del monumento, di un segno tangibile che rimanesse.

Oggi su quel terreno vi sono due bei campi di calcetto.

A me sembra che quei campi, su cui oggi giocano tanti ragazzi, realizzati dai tuoi parrocchiani con spirito libero e divertente, siamo molto più Chiesa di quattro muri nuovi.

Solo per farti sentire qualche voce dissenziente, con amicizia.

"Siamo la Chiesa" – Febbraio 1993

Monsignore, chieda scusa

Non so se Monsignor Ruppi, vescovo di Lecce, si renda perfettamente conto di quello che ha fatto domenica 9 Maggio a Tricase.

Brevemente i fatti: domenica di Cresima a Tricase, funzione svolta all'aperto in Piazza Pisanelli. Durante l'omelia Monsignor Ruppi elogia i "grandi Tricasini", da Codacci Pisanelli, a Don Tonino Bello, fino via via a Donato Valli, "che ne è fedele e naturale prosecutore e che tutta la popolazione devo coltivare e sostenere".

Non andrebbe comunque bene questa personalizzazione della comunità, ma il Monsignore ha fatto di più: ha finto di dimenticare che il Dott. Donato Valli è anche il candidato sindaco della DC.

È stato gravissimo fare il pubblico "panegirico" di Valli in piazza, perché la Cresima all'improvviso si è trasformata nell'apertura ufficiale della campagna elettorale del partito di maggioranza assoluta. E così è stato interpretato da tutti, dico tutti, i presenti.

Ha dimenticato molte cose, monsignor Ruppi, e soprattutto informarsi. A Tricase, quest'anno per la prima volta, si è rotto il monolitismo DC: molti cattolici e cristiani (veri) hanno deciso di collocarsi all'esterno dei partiti, creando un movimento chiamato "Città per l'Uomo"; un'altra coalizione, mista fra tutte le opposizioni, sta tentando con un'aggregazione tutta nuova, di uscire fuori dal classico partitismo, presentando anche tanti cattolici.

Ha dimenticato, inoltre, di essere in una cittadina dominata dalla DC – maggioranze dal 60 al 75% – senza alcuna opposizione e che ciò nonostante non è riuscita a dotarsi, non dico di un piano regolatore (sarebbe troppo), ma di un semplice parco per bambini, non una struttura sportiva funzionante (fra le sette iniziate), non una struttura per i giovani, per gli anziani, gli handicappati. Per lunghissimi anni hanno solo litigato per accaparrarsi questo assessorato o quel posticino.

Adesso che qualcuno ha deciso di creare un minimo di confronto democratico, che ha deciso, forse, di dar corpo a tutte le paure, le reticenze e le mezze-denunce, ecco che questo "qualcuno" deve subire l'umiliazione del vescovo che interpreta il ruolo del fustigatore del nuovo, difensore dello status-quo, quello che opprime tutto il Sud come una nera cappa perenne.

Perché dal pulpito non si è chiesto come vivono gli "ultimi" a Tricase, piuttosto che menzionare (tanto per commuovere) il nome di Don Tonino, che aveva invece, nei confronti della politica, un atteggiamento così diverso dal suo?

Il suo modo di porsi, domenica a Tricase, è stato quello del curato di campagna anni '50, che terrorizzava la coscienza dei fedeli e che credeva di risolvere il tutto con la paura dell'inferno.

Il monolitismo ha fatto sempre male alla politica e alle coscienze, il partito Chiesa è finito. Se però Monsignor Ruppi vuole fare campagne elettorali, lo deve dire apertamente; se è stato solo un incidente deve chiedere pubblicamente scusa a tutti i cittadini di Tricase, a tutti gli "ultimi", a tutti i cittadino.

"Nuove Opinioni" – Maggio 1993

I tre giorni che sconvolsero Tricase

Oggi, sabato 19 giugno 1993, mi sembra di vivere un buon sabato.

Domani si vota a Tricase ed è l'ultimo passaggio di una lunga campagna elettorale. Si potrà vincere, forse, ma anche perdere. La DC sembra immortale e si potrebbe anche perdere nei numeri.

Ha meno importanza dell'immagine di ieri venerdì 18 giugno che voglio fermare, di questa foto storica che vorrei conservare nel mio album.

Ieri sera un gioco favorevole di attese, di atmosfere, di venti mi ha fatto vedere una città diversa, una Gerusalemme finalmente liberata.

Quando Ercolino ed Hervè sono saliti sul palco uno spontaneo applauso ha liberato l'uomo di Tricase dalla sua atavica imperturbabile prigionia mentale.

Una guerra era già vinta.

Quando Ercolino ha cominciato ad esporre con la sua classica linearità e competenza (anche sottintesa dolcezza) mi son voltato un attimo e ho visto una piazza finalmente da "suffragio universale", con tante donne sorridenti.

Non più la politica dei politicanti, ma la politica come gioco e passione, amore per le proprie pietre e radici, come rabbia per la violenza che ne hanno fatto negli anni.

Ad ogni passaggio un applauso, ad ogni parola una liberazione.

I bambini intanto giocano rincorrendosi alla statua di Pisanelli, che li lascia fare, com'è giusto che sia.

Poi attacca Hervè che ha dentro la rabbia sopita per anni, la rabbia di chi ha qualcosa da dire ed è stato sempre stritolato e utilizzato.

La piazza coglie la sua tensione morale, lui coglie la felice predisposizione della piazza e incalza.

Ad un certo punto capisce che è fatta, si diverte e aumenta ancora il tono, fino ad estenuarsi.

La sua mente rincorre parole vere, urlate, la lingua è più lenta del pensiero, qualche parola si perde nell'applauso.

Poi Luigi presenta la sua squadra. Dire in anticipo sindaco e giunta è una rivoluzione rispetto ai pensieri di qualche mese fa.

La gente applaude, applaude il vecchietto un po' sbronzo ma anche la casalinga che non usciva di casa per vergogna, che non mostrava mai segni di entusiasmo per nessuno, per non farsi additare; applaude un giovane semi-occupato che non spera che una nuova guida del paese d'incanto risolva i suoi problemi ma sa (osa pensare) che gli sarà detta la verità, sa che non dovrà prostituire la propria mente per un suo diritto.

Mi volto ancora, c'è qualcuno che non applaude. È chi è rimasto sorpreso da tutto questo, chi spera di conservare i suoi piccoli privilegi, chi ha detto ai propri dipendenti quello che devono votare, chi fa per mestiere il mestatore d'aria fritta, chi ha pensato che mai niente sarebbe cambiato, chi ha sempre usato l'arma della sottile minaccia psicologica per mantenere la piena sudditanza.

Questa è una Tricase più nuova, più desiderabile, più viva: i bar sono pieni di gente, marito e moglie commentano insieme, qualcuno ha aperto la porta di casa, ha scoperto la socialità, qualcuno il senso vero della politica, qualcuno ha riflettuto sulle proprie miserie, ma sta imparando a parlare di se stessi, a discutere a voce alta del futuro.

Dall'altra parte su un'altra piazza, fredda e lontana, si tenta ancora il giochino delle facili strumentalizzazioni, delle pirotecniche menzogne, qualcuno tenta ancora di usare le vecchie parole – radici, unità cattolica, pietismo, cultura della politica – accorpate ad un solo simbolo di partito, mentre il vento porta via il loro suono, perdono ogni significato, di ogni giustizia.

Un ordine naturale, un matematico, coerente, perfetto equilibrio naturale aleggiava ieri sera su Tricase, chi tentava di spezzarlo risultava patetico, fuori dall'armonia delle cose.

La diversità biologica di ogni singolo individuo si ricomponeva in una specie di grande cerchio, in cui ogni cromosoma diverso, autonomo trovava la sua giusta collocazione.

Per un attimo, solo pochi istanti forse, ma sufficienti, per sentirsi pienamente vivi e inseriti.

Domani si può anche perdere.

Ma l'uomo e la sua città hanno già vinto.

Nulla sarà come prima.

Il nuovo governo potrà anche sbagliare, ma dovrà sempre fare i conti con quel vento di entusiasmo e di ordine che aleggiava ieri sera.

Le menti erano un po' più aperte, più pronte, finalmente più libere.

Una battaglia durata molti anni e passata attraverso periodi bui e gretti, era vinta.

Potevo finalmente dormire bene, quasi in pace con me stesso, la mia gente, la mia città.

1993

Un piano per lo sport, please!

L'approccio al problema "SPORT" nella sua globalità è stato ancora una volta, da parte dell'Amministrazione Comunale, approssimativo e superficiale. In questi ultimi 18 mesi si è parlato di sport solo quando, finito il campionato di calcio, Serrano e i suoi amici hanno detto basta e il Sindaco ha implorato Sergio Adelchi a toglierli al più presto la patata bollente.

Mai, né prima né dopo, siamo venuti a conoscenza di come la nuova Giunta intendesse muoversi nei confronti dello sport, quale fosse la sua strategia, verso le associazioni e le strutture, quale sia la sua idea di qualità della vita e in che modo lo sport vi si inserisse.

Quando legittimamente l'U.S.Tricase (Adelchi), ha chiesto l'uso globale della struttura preposta al calcio l'Amministrazione comunale (il Sindaco) ha detto si (e poi ni).

L'Amministrazione Comunale non ha assolutamente studiato il problema, non ha presentato un proprio progetto organico ad associazioni e cittadini, non ha ipotizzato cosa fare del nuovo campo sportivo.

In una parola non ha fatto niente e cerca solo di temporeggiare, nel vano e ormai tardivo tentativo di trovare soluzioni di mezzo (come ai bei tempi andati).

Meglio sarebbe delegare un tale problema ad un esperto esterno che, in collaborazione con ingegneri, architetti, presidenti di società, tifosi e quant'altri avrebbe presentato un progetto complessivo, possibilmente semplice ed economico da attuare.

Una sorta di piccolo piano regolatore dello sport in cui doveva trovare spazio certamente l'assegnazione a privati, la definizione di controllo pubblico, il completamento delle opere sporti, con un idea globale più aperta del passato.

Operando in maniera inversa, attendere cioè le proposte di privati per decidere era facile prevedere polemiche, soluzioni tampone e nessuna discussione seria sul calcio, sullo sport, sulla qualità della vita. Una qualità che, a parte, il male il solo e un po' di campagna, continua a essere – a Tricase e dintorni – leggermente latitante.

"Nuove Opinioni" – Ottobre 1994

Multicolori e multipartiti

Apprendiamo dal *Quotidiano* del 2 Dicembre '94 che il nostro primo cittadino, Dott. Luigi Ecclesia ha aderito ad un neonato movimento interno all'area di *Forza Italia* che risponderebbe al nome di "*Sinistra Liberale*" (promotori Cesare Previti, Marco Taradash e Giuliano Ferrara).

Alcune considerazioni e una sola domanda:

1. Fa un po' sorridere "Sinistra Liberale" fondata da personaggi perlomeno sospetti di destrismo come Previti;

2. È preoccupante che "Forza Italia" senta già il bisogno di crearsi nuovi soggetti politici al suo interno;

3. Fa quanto meno riflettere il Dott. Ecclesia quando, nello stesso articolo, afferma che vi ha aderito dopo che è stato rifiutato dal nuovo Partito Socialista;

4. Il Dott. Ecclesia si è candidato nelle liste del PSI per le provinciali del '90, mentre era ancora un tesserato della vecchia DC. È stato eletto nel '93 Sindaco di Tricase con una lista multicolore mentre era Assessore Provinciale del PSI. Si è candidato al Senato nel Marzo '94 con "Rinascita Salentina", gruppo di fuoriusciti di Segni, mentre era Sindaco multicolore (MSI compreso). Nel Dicembre '94 aderisce a "Sinistra Liberale", fantomatico movimento di "Forza Italia", mentre è Sindaco multicolore (PDS escluso, adesso), mentre è Consigliere Provinciale PSI, mentre è ancora vicino agli uomini di Segni.

Ed ecco che nasce spontanea la domanda:

Se di tutto questo il Dott. Ecclesia ci ha capito qualcosa, non sente l'esigenza di confrontarsi con qualcuno e spiegare finalmente ai suoi sconcertati elettori, che vorranno per sempre seguirlo cosa pensa e da che parte sta?

"Nuove Opinioni" – Dicembre 1994

Cineforum

Cineforum di paese, di intellettuali e femministe, preti e maoisti-leninisti, pieno di ragazzi e ragazze, venuti a ridere e poi pronti a piangere.

E poi a discutere con quel professore, così informato, così dibattuto, che ha imparato a memoria le schede del film (e alla fine il vincitore morale era in realtà lo sconfitto e viceversa e forse no, ma il regista nella sua visione onirica poteva aver voluto dire).

Per intervenire nel dibattito sembrava si dovesse sapere conoscere dettagliatamente tutte le opere di Kafka, perché nel film c'era sempre qualcosa di kafkiano.

Eppure ancora oggi, quando finisce un bel film ed iniziano i titoli di cosa, ancora lì seduto, rifletto e mi manca qualcuno che, microfono in mano, sul corridoio centrale, contrito e tirato, esordisca: "Stasera abbiamo visto un film la cui essenza...".

1998

Segnali d'agosto

Piccole segnalazioni ferragostiane: è piovuto per una settimana intera, pochi turisti (come al solito), pochissime idee nuove, mi sono rotto una caviglia.

Da segnalare anche alcuni pubblici manifesti. Parliamo dell'annuncio dell'avvenuto ripescaggio dell'U.S.Tricase nel campionato nazionale dilettanti per porre due domande relative alla frase. *"È anche il ripescaggio il giusto imputt per la società per proseguire nel cammino intrapreso verso più ambiti traguardi, convinti che lo sport sia l'indotto giusto per una società migliore"*. Innanzitutto sul linguaggio: perché imputt (con la M) e non impulso e perché questo convulso giro di parole per dire che C2 significherebbe una società migliore. Non risulta che Casarano e Lecce abbiano avuto un tessuto sociale migliore quando hanno vinto dei semplici campionati di calcio.

Il secondo manifesto riguarda una protesta degli abitanti di Marina Serra perché si sentono trascurati in quanto fedeli della locale Madonna Assunta. Da segnalare una serie di incongruenze:

1. Perché parlare a nome di tutti gli abitanti per poi firmarsi come "gruppo di fedeli"?
2. Perché gli abitanti della Serra dovrebbero pubblicamente segnalare di non voler contribuire alle spese delle luminarie? Non dovrebbe essere una libera scelta di ogni singolo?
3. Possibile che gli abitanti (estivi?) di Marina Serra abbiano sentito dopo tanti anni l'esigenza di protestare soltanto verso le gerarchiche ecclesiastiche e mai contro gli abusi e gli abbandoni?

Di abusi e di abbandoni parla invece il terzo manifesto "Il Sacco di Tricase" firmato dai gruppi consiliari di minoranza: abbandono dei servizi sociali, eccessivo lassismo nei rapporti con l'imprenditoria potente. Il titolo è forte, i contenuti andrebbero arricchiti e portati a conoscenza dei più con volantini, comizi e vari.

Ma questa è vecchia politica, ormai non ci si confronta più con nessuno, basta al momento giusto dire l'opposto di quel che si è fatto, sbandierare il liberalismo a ogni piè sospinto, accusare gli altri di demagogia, prendersi tremendamente sul serio ma sorridere sempre, sorridere ancora, sorridere sempre. E senza mai proporre un qualcosa che ci identifichi, senza un'idea, una proposta nuova.

"Nuove Opinioni" – Agosto 1995

La rotonda di cemento e la cultura

In alcuni posti del mondo, forse anche l'Italia, fare quello che Tricase sta facendo e sta tentando di fare del suo porto e delle sue coste, sarebbe fonte di estreme contese ideologiche sulle visioni globali della vivibilità, del buon gusto, della utilità economica. A Tricase Porto, è stata costruita una piazzetta, detta "*Rotonda*", a dir poco assurda dal punto di vista architettonico: si è costruito una specie di porticato in cemento lungo la litoranea che offende le pupille mondiali e non si riesce a intuirne l'utilizzo. Si sente dire in questi giorni – e siamo veramente al massimo – che alcuni vorrebbero continuare il lungomare fino al "*Quadrano*", abbattendo una casa del primo '900. L'opera però, per assenza di fondi, non può essere completata, quindi per una ventina d'anni vedremo solo una grande colata di cemento. Il tutto senza che nessuno (dico nessuno) abbia fatto sentire la propria voce contraria, che abbia espresso un parere o meglio un progetto più complessivo serio ed ecologico.

Ed è qui che comincia il mistero di Tricase.

Questa cittadina del Sud ha una fortissima propensione allo studio, ha molte scuole e molti suoi giovani le hanno frequentate, e tanti con buon profitto. Molti hanno poi studiato, secondo le loro scelte e possibilità, nelle migliori università italiane, hanno vissuto in bellissime città, hanno parlato (presumo) con altri giovani di tanti posti diversi, si sono laureati e son tornati nel loro amato paese natio.

Tricase, al confronto di un pari paesotto del bergamasco (o anche della Toscana) ha sicuramente il doppio dei laureati e diplomati.

In un paese così acculturato ci si aspetterebbe di ritrovare queste persone nella realtà civile, concentrate a migliorare (e a volte conservare) l'esistente, che è poi uno dei pochi sistemi per migliorare se stessi e anche i propri redditi.

Assistiamo invece annichiliti al mistero di un buco nero tricasino, dentro il quale in un vortice silenzioso ma ineluttabile finiscono centinaia di medici, avvocati, dottori commercialisti, letterati, biologi, architetti, ingegneri.

La polemica, o semplicemente l'espressione, aperta, pubblica, delle proprie opinioni, farebbe molto bene a questo paese, se supportata da conoscenze tecniche, da studi e ricerche. Sarebbe bello, al di là delle posizioni di partiti, club e associazioni leggere un manifesto (o una lettera o fors'anche un bigliettino) il cui sunto potrebbe essere: *"Cittadini, siamo un gruppo di giovani, che finiti gli studi, amerebbe contribuire alla crescita della nostra comunità. Ciò è alquanto difficile, perché il nostro primo obiettivo è quello di lavorare e la pagnotta spesso si mangia in silenzio. Ma ciò nonostante ci piacerebbe dirvi che Tricase Porto è bene che resti così, che i vari piani astrusi sono frutto di menti contorte e che amano deturpare per la sciocca comodità (anche vostra) di appena quindici giorni all'anno. Ci piacerebbe dirvi tante cose, ma abbiamo bisogno di gente che partecipi a se stessa"*.

Questo e molto altro potrebbero dire, scrivere e fare. So per certo che molti di loro, ognuno per se, è molto vicino a queste posizioni, è molto più positivo di quel che dimostra dall'esterno.

È semplicemente arrivato il momento di svegliarsi, credere in una nostra tipicità e divertirsi dentro.

"Nuove Opinioni" - -Giugno 1995

Le barzellette di via S. Demetrio

Carissimo Carlo,
ho sempre immaginato *Nuove Opinioni* come il luogo dove incontrarsi, parlare di Tricase, racchiudersi in un luogo piccolo, aperto al mondo. Parlare del microcosmo come naturale, curiosa, dettagliata propaggine di quell'immane quantità di cose e di fatti che il mondo contiene.

Mai avrei pensato, però, che il microcosmo fosse tanto piccolo da diventare un mostriciattolo nato, forgiato, osannato e distrutto in quel piccolo spazio che va dal Bar Dell'Abate al Bar Martinucci.

Tu ben sai che quando (dopo oltre un anno di chiusura) mi è stato chiesti di "prendermi" *Nuove Opinioni*, ho fortemente voluto che rimanesse il nucleo storico che lo aveva fondato e che rappresentava la continuità fra i fervidi anni '70, i languidi anni '80 e questi tragicomici anni '90.

Volevo che si continuasse tranquillamente, pur rinnovandosi, a pubblicare un giornale locale, libero dai condizionamenti e da falsi moralismi, con una redazione aperta a qualsiasi contributo.

Entrare quindi nella polemica sulla proprietà di *Nuove Opinioni* non è solo lontano dalle mie logiche ma, credo, ininfluente e sterile e, a volte, perdonami, un po' ridicola.

Mi dispiace quindi leggere sulla prima pagina del numero scorso, la lettera di addio di Gennaro Ingletti e la tua risposta, non tanto per ciò che vi è scritto, quanto per l'incredibile spazio che vi concedete, perpetrando il vecchio vizio di parlarsi addosso, autocitarsi, autrocrocefiggersi, autonegarsi.

Si continua a fare riferimenti ignoti ed incomprensibili ai più, di discorsi e polemiche avuti con dei pittoreschi personaggi in perenne sosta fuori dai bar, dove il paese diventa solo pettegolezzo artificioso e mai creatività positiva.

Adesso che ci rifletto: questo sembra proprio l'indizio maggiore che in questi pochi mesi il mio contributo al giornale non sia servito a nulla, e che il giornale non riesca a crescere in nessun senso.

Per non destare sospetti dietrologici, per uscire fuori dagli equivoci, per non rimanere bloccato nelle inutili e ripetitive barzellette che si raccontano in quel tratto di strada (San Demetrio, sembra sia il suo nuovo nome), ho un'unica possibilità: ritirare sin da questo numero qualsiasi forma di pubblicità e contributo, dichiarare pubblicamente che se c'è una cosa di cui non potrebbe fregarmi di meno, è di chi sia la proprietà di *Nuove Opinioni*.

Sono convinto che saprai comunque portare avanti il tuo progetto, senza scossone alcuno.

Ringraziandoti per lo spazio che mi vorrai offrire, ti porgo cordiali saluti.

"Nuove Opinioni" – Novembre 1995

Una città paurosa

La storia, la breve storia di "*Città per l'Uomo*" meriterebbe di essere raccontata. Rappresenta nel suo piccolo uno spaccato lucidissimo di Tricase, della confusione di questo momento storico e del verbalismo fine a se stesso.

All'inizio del '93 fu fondato il movimento "*Città per l'Uomo*" su sollecitazione di alcuni personaggi stanchi del partitismo più becero.

Alle elezioni amministrative furono eletti sei consiglieri: determinanti per battere per la prima volta la DC (ve la ricordate la vecchia cara DC? Noi pensavamo di morire democristiani, tanto era radicata la sua squinternata filosofia).

Ho vissuto, insieme a molta gente due o tre mesi bellissimi, pieni di entusiasmo, di progetti, soprattutto pieni di una voglia matta: dare una svolta a questo paese, a questo Sud.

Comizi esaltanti, piazze piene, serate in allegria, tutto in discussione, porte aperte, trasparenza, imprenditorialità e decisioni veloci, senza dimenticare i meno fortunati.

Finite le elezioni cominciano le sequele di sofismi, di piccole gestioni del potere per il potere, di continui compromessi, di clamorosi voltafaccia, di posizioni sempre poco chiare e quasi mai discusse dal famoso movimento.

Che cosa è successo? Poteva la sua mellifluità ecclesiana affossare tutti i sogni? Può essere tanto piacevole governare, da poter sopportare in silenzio qualsiasi posizione? Per me resterà sempre un mistero! Anzi, penso che sarà svelato insieme al Terzo Segreto di Fatima.

Vero è che da un certo momento in poi le assemblee di "*Città per l'Uomo*" sono andate avanti fra un perfetto aplomb manierato e situazioni kafkiane: comunque inutile ed inconcludenti.

È del tutto chiaro ormai che quell'esperienza è totalmente esaurita e senza alcuna possibilità di sblocco positivo. Una bella idea maturata, forse, troppo in fretta e senza i necessari approfondimenti. Senza qui tracciare linee di merito e di colpa (in definitiva ognuno ha poi scelto secondo la propria indole e la propria storia) è opportuno sottolineare come, ancora una volta, il sentimento dominante sia stato la paura.

Paura da parte degli amministratori di rompere la coalizione in nome di un malinteso senso di governabilità a tutti i costi; paura dei consiglieri comunali di esprimere le loro idee e staccarsi con coerenza (quando è stato evidente lo scollamento) dal gruppo che lo aveva eletto; paura infine da parte del movimento di parlar chiaro, paura di essere tacciato di politica-partito (e via con le masturbazioni più profonde), paura di vedere le persone per quelle che sono, senza pregiudizi e falsi moralismi. Paura di volare in alto, in definitiva.

Intanto le cose da fare (e conservare) sono tutte lì. Si potrebbe ricominciare semplicemente da quelle, per chi lo volesse.

"Nuove Opinioni" – Aprile 1995

Un turismo che esige qualità

Uno degli aspetti maggiormente presenti, verso cui si stanno avviando tutti gli operatori ecologici e, quindi, anche quelli turistici è sicuramente quello relativo alla qualità totale.

Un termine che indica, con estrema semplicità, quello che in questo momento è necessario per sviluppare un'idea di marketing molto forte.

Ogni messaggio deve trasmettere la qualità dei prodotti, la qualità del prezzo (il che significa essenzialmente "prezzo giusto"), la qualità della comunicazione tra i diversi soggetti e la qualità professionale degli operatori. In sintesi una concezione globale, trasmessa, (magari a livello subliminale) di una ricerca costante nel miglioramento della qualità della vita. Principi, che riguardano anche il turismo, anzi soprattutto quest'ultimo. Infatti dai temi è venuto spontaneo pensare che qualsiasi sviluppo ed interconnessione tra turismo e commercio vada affrontato premettendo sempre e comunque il concetto di "qualità totale".

È una politica per la qualità del territorio, nella logica imprenditoriale, turistica e commerciale, non può prescindere dai bisogni del viaggiatore di oggi né dalla qualità complessiva dell'offerta.

La considerazione sulla qualità dell'offerta turistica, pur non essendo il mio settore specifico, è alla base di ogni ragionamento di Enti preposti ed imprenditori privati. Senza continuare a blaterare sulla cause dell'inefficienza, mi sento di sostenere immediatamente che non ci potrà essere mai sviluppo senza un'idea comprensoriale e meno localistica del turismo.

Penso ad un "circuito", formato da tutti i Comuni del basso Salento, con a capo un "authority". Essa dovrà essere in grado di coordinare i Piani Regolatori dei Comuni (abbandonati spesso alle ripicche personali all'interno delle singole Amministrazioni), di colloquiare, in maniera costante e univoca, con la Regione e infine, partendo dall'esistente, di proporre ad imprenditori privati la realizzazione di villaggi, alberghi, attrezzature sportive e di relax e comunque strutture ricettive.

Questa idea che presuppone una mole di lavoro che appare immensa e, per certi versi, irrealizzabile quando si tiene conto delle piccole gelosie comunali (retaggio di non so quale guerra o conflitto ancestrale), non è nuova, e nella realtà e in più parti del mondo è stata efficacemente realizzata.

In Italia l'esempio più classico è sicuramente quello del Consorzio Costa Smeralda, realizzato in Sardegna. Ma, allo stesso modo, alcune isole sperdute del Pacifico o alcune città del nord Europa sono riuscite a mettere a punto un "progetto turismo" più globale, capace di investire tutti gli operatori del terziario.

L'authority di cui parlo dovrebbe essere un organismo in grado di sviluppare un'idea di "tipicità".

È una teoria che tento di veicolare da molti anni, ma (devo riconoscerlo) con scarso successo.

Eppure il teorema è semplice. Un posto – al di là del sole, del mare e degli alberghi di lusso – funziona anche su tempi lunghi se riesce a crearsi una sua tipicità e, soprattutto, a conservarla.

Il basso Salento (specie 20 anni fa) in questo senso aveva una sua tipicità che negli anni proprio per l'assenza di un progetto globale, di un controllo sul progetto stesso e per i farneticanti progetti faraonici mai realizzati sta purtroppo perdendo.

Ci sono posti nel mondo che milioni di turisti visitano puntualmente per cose che sembrano, tutto sommato, di poco conto:

una corrida per strada, un'ubriacatura di 5 giorni, un museo, una discoteca.

Il Salento, per esempio, poteva sublimare le sue pietre.

Le pietre per dire, forse, la cosa più banale, ma quella che permette di far capire bene l'idea.

Avere un progetto in testa, che ruoti intorno alle "pietre" non permetterebbe per esempio, di abbattere i muretti a secco, le pajare, i villini di campagna per costruire "chalets" di montagna in riva al mare; né di usare piastrelle luccicanti sui frontespizi delle case, né di cementificare litorali solo per far parcheggiare il vicino di casa che, fra il 10 e il 15 Agosto, decide di "prendere il fresco" al mare.

Un "progetto pietre" significherebbe valorizzare dolmen e menhir, studiare le più antiche civiltà e le trasformazioni della terra, costruire senza lasciar spazio a tutte le fantasie dei singoli ed immaginare tutte le strutture turistiche in tono con un progetto molto più ampio e preciso.

Se la tipicità si deve creare attraverso le pietre – qualsiasi altra cosa – è necessario che l'authority, comprensoriale e al di sopra delle parti, sia in grado di incidere in modo molto pratico sulle varie concessioni edilizie, e sarebbe comunque ipotizzabile la presenza di un suo rappresentante nelle varie commissioni comunali.

Ritengo, dunque, che solo in questo modo si possa ipotizzare uno sviluppo armonico delle attività turistiche commerciali e, probabilmente, anche industriali che, in ogni caso, in questo modo dovrebbero essere rigidamente controllate da un punto di vista ambientale.

Uno sviluppo "armonico" che permetterebbe di realizzare quelle sinergie tra commercianti e strutture turistiche che altrimenti sembrano utopiche o, comunque, diventano discorsi di piccolo cabotaggio. Solo in questo senso si capiscono anche, e si accettano, le ipotesi di aperture dei negozi con orario continuato – e qualcuno magari anche di notte – e le tipiche iniziative a favore del turismo come le isole pedonali, sconti particolari e così via.

Un progetto di tal fatta, che comprenda una ventina di Comuni del basso Salento, da tutti sottoscritto ed inderogabilmente accettato, potrà essere l'unica via di sviluppo praticabile per la nostra zona. In altro modo, essa rimarrà periferica e di scarso interesse per i turisti.

E finché la richiesta scadente, nessun imprenditore privato può presumibilmente da solo sovvertire tale situazione.

Si sono gettate delle pietre.

Ad ognuno di voi (di noi!) la voglia e la forza di raccogliere per costruire.

Relazione tenuta nel convegno sul "Futuro del turismo",
organizzato dall'ENAIP di Tricase – Aprile 1995

L'infermiere alle elezioni del '93

L'infermiere professionale Rocco Episcopio aveva cambiato stile di vita.

Da quando il suo compare, il dott. Vespri, gli aveva telefonato annunciandogli il suo pensiero di presentarlo fra i candidati della sua lista civica. Non aveva ancora firmato e già pensava come si sarebbe comportato da consigliere comunale: serio, onesto, un po' ricercato nel vestire.

Il dott. Vespri era stato chiaro: "Dobbiamo mandare a casa questi democristiani dopo cinquant'anni di dominio incontrastato. C'è bisogno di facce nuove, di gente onesta e che pensi al bene di tutto il paese". E poi, aveva telefonato direttamente lui, il dottore, il padrino di cresima di suo figlio, per invitarlo nella sua bella casa di campagna. Non poteva rifiutare, non avrebbe mai rifiutato.

Così cominciò a seguire il telegiornale con maggiore attenzione e si interessò anche alle "Tribune Politiche" e oltre al "Corriere dello Sport" cercò di sbirciare qualche titolo di "Repubblica". No, non comprò il giornale, gli sembrava troppo, ma andava a prendersi il caffè in quel bar dove, appoggiato sul frigo dei gelati, con una certa noncuranza, era possibile leggere di politica. C'era anche il "Quotidiano di Lecce", dove, prima o poi, sarebbe apparso il suo nome fra i candidati.

Sua moglie, Addolorata, aveva interrotto la visione delle puntate di "Beautiful": lui arrivava dal lavoro nel primo pomeriggio e doveva già studiare le ultime notizie politiche, fosse anche su "televideo". Addolorata non protestava, capiva l'importanza della cosa, si immolava partecipe alla causa del marito.

Ma il cambiamento più prodigioso Rocco Episcopio lo realizzò con i suoi colleghi di lavoro. In vent'anni di normale convivenza aveva parlato con loro di stipendio, straordinari, sistemi totocalcio, dell'anatomia delle donne, del tabacco, dei nuovi medici stronzi, e soprattutto del tempo, di cui ne soffriva il freddo. Mai aveva fatto due cose: offrire un caffè a più di una persona e parlare seriamente di politica. Per lui la politica fino a quel momento era stato semplice ripetere: *"Son tutti ladri, meglio lasciar perdere"*.

La moglie di fronte all'annuncio dell'ennesimo arresto dell'assessore ai cimiteri di Milano, aveva detto: "Sono tutti ladri. È proprio vero". Rocco la guardò e con tono leggermente stizzito di chi è direttamente coinvolto, l'apostrofò: "Non tutti. Ci sarà pure qualcuno onesto, specie in quelli che saranno eletti alle prossime elezioni. Finalmente andranno via tutti questi politicanti di merda". Anche sua moglie se ne convinse.

L'infermiere professionale Rocco Episcopio cominciò ad entrare sempre più nel ruolo del perfetto candidato al Consiglio Comunale. I suoi colleghi infermieri lo assecondavano con sorriso (il sorriso di chi sta pensando alle proprie ferie): "Sì, ci vuole un cambiamento vero. Ci hanno stancato tutti questi ladri. Vai, noi ti appoggeremo, se ti candidi".

E giunse il giorno della candidatura ufficiale, firmò davanti al segretario comunale di Tricase e quando ripassò il grande portone del municipio, sentì che era un buon giorno per iniziare una nuova era. Era questo, del resto, che ripeteva dal palco con imperiosa eloquenza il dott. Veltri: "Basta, basta e basta. Dobbiamo cambiare, finalmente una lista con facce pulite, nuove non inquinate dalle vecchie logiche partitiche. La nostra lista civica farà di Tricase un comune modello, con la raccolta differenziata della spazzatura, le strade asfaltate e senza buche, e poi la qualità della vita sarà la nostra costante ricerca".

Come non rimanere emotivamente coinvolti in comizi come questi, dopo una dittatura strisciante durata quarant'anni e per di più democristiana?

L'infermiere professionale Rocco Episcopio ormai veleggiava verso il consigliere comunale, e ripeteva ovunque potesse il programma stampato dalla sua lista.

In famiglia non si facevano che contare i voti certi e quelli ancora da conquistare.

Parlando ormai un linguaggio politicamente appropriato, spiegava ai suoi:

"Attenzione ragazzi, adesso c'è la preferenza unica e quindi ogni voto conquistato vale quattro. Mettiamoci sotto: telefonate a parenti

e amici, e mi raccomando, nessun escluso!"

Verso gli ultimi giorni della campagna elettorale c'era in paese un fermento mai visto e che lui comunque non aveva mai vissuto: guai a mancare dalla piazza principale, bisogna sentire i comizi di amici e nemici, offrire il caffè agli amici, discorrere dei problemi del paese, controllare tutti i movimenti strani. "Ho l'impressione che zio Antonio voterà per l'altro nipote. Anche se è Comunista chiede voti come un Democristiano". "Attento papà, nostro cugino Ippazio, l'ho visto parlare con l'ex Sindaco". "Quel disgraziato del dott. Vanni appoggia la DC e all'interno dell'Ospedale fa una terribile campagna elettorale, anche con gli ammalati". "Don Franco, durante la messa cantata delle undici, ha fatto una predica che mi è piaciuta poco". Oh si, i nemici da fronteggiare erano tanti, tutti fermi e aggguerriti, scaltri e disonesti, competizione campale. Ma lui non si sentiva inferiore a nessuno, gli altri in definitiva dovevano lottare con lui, come lui.

Il giochino preferito era contare i propri voti: Rocco lo faceva prima di addormentarsi. Lui, la moglie, il figlio maggiorenne, la mamma, (peccato il papà era morto), la suocera, il suocero, suo fratello e sua sorella. La base di partenza erano quegli otto voti, erano il suo formidabile comitato elettorale. Era il tempo di lavorare anche di fantasia, a quattro giorni dalle elezioni. Dovevano lavorare giorno e notte nell'incessante richiesta di voti, fosse anche una specie di questua, una richiesta finalizzata al supremo bene del Comune e forse della Nazione. L'aria che tirava in tutta Italia era per il cambio di un'intera classe politica, lui lo sentiva ripetere dai suoi colleghi dalla tv, la voglia di nuovo si materializzava sul cielo di Tricase. Sembrava l'inizio del mondo vero.

Il Sabato andò a letto molto tardi ma non riuscì a dormire: era al contempo soddisfatto del suo lavoro politico e tormentato dal dubbio dei voti. Sua moglie cercò di rasserenarlo. L'infermiere professionale Rocco Episcopio non riusciva neanche a fare l'amore. L'ultimo mese era stato per lui la scoperta della passione politica, l'emozione della partecipazione diretta ai grandi fatti che fanno la storia.

La domenica del voto passeggiò a lungo per le strade principali di Tricase e con maggiore frequentazione quelle che univano la scuola media a quella elementare, sede dei seggi elettorali. Mangiò appena un po' di pasta al ragù. Salutava con strana intensità tutti quelli che incontrava anche se non faceva trapelare il suo stato d'animo, così pieno di timori e speranze, di amore per il creato ed i suoi elettori.

L'infermiere professionale Rocco Episcopio, candidato alla lista "Per Vivere Tricase", nel maggio del '93, ottenne 6 voti di preferenza, 2 in meno dei facenti parte del suo comitato elettorale. La cosa non fece alcun scalpore pubblico.

Da quel giorno non parla più di politica, se non per ripetere ai suoi colleghi: "È tutta una truffa: poveri noi". È diminuita la sua fiducia nel mondo e nel creato, nelle istituzioni e financo nella famiglia.

Meno male che rimane lo stipendio.

1996

Ad esempio a me piace il sud

In questo momento di pentitismo generalizzato, mi vien voglia di pentirmi. Anch'io ho votato Ecclesia, anch'io ho votato "Ulivo".

Ho anche pensato, negli anni, di lanciare messaggi e piccole rivoluzioni, mettendo in pratica quanto andavo, con presunzione, declamando. Pensavo di riuscire in questo posto a coniugare fantasia e mercato, con correttezza civile. Mi pento.

Vorrei però far pentire (riuscirò mai?) altri personaggi della nostra amena cittadina.

Sarebbe bello se il Sindaco Ecclesia si pentisse amaramente di aver voluto fare il Sindaco. Non era cosa per lui. Ha cambiato tre o quattro schieramenti politici in pochissimi anni; si è fatto eleggere con i voti della sinistra e ha governato con quelli di destra.

Ma soprattutto con la sola esperienza professionale non può avere le conoscenze per affrontare nuovi progetti e i nuovi problemi. Brava persona: ma mai è stato sentito pentirsi pubblicamente alcunché, nemmeno di essere diventato presidente di un vasto comitato per il "presepe vivente" (ma prima non era una festa religiosa?).

Vorrei far pentire i nostri amici della sinistra. Dopo le furiose polemiche di Serena Jazzetti cosa è rimasto? Dove è il nuovo progetto? Di cosa ha veramente paura? Comunisti pentiti, pentitevi davvero!

Vorrei inoltre far pentire alcuni personaggi "culturali". Primo fra tutti il nostro caro direttore Carlo Cerfeda, che in estate è scivolato in un attacco di tipo personale (direi quasi fisico) ad una preside di scuola media che forse tenta solo di lavorare bene e far lavorare i professore (guaio mortale in un mondo abituato al pressapochismo). Anche il nostro assessore alla Cultura ed il Turismo (?), Oronzino Russo, ha sentito il dovere di precisare a mezzo stampa che è arrivato fino a Brindisi a sue spese per volare fino a Milano ove presentare l'amena di cui sopra. Si dovrebbe pentire per la precisazione a mezzo stampa, per essere andato a Milano e per essere Assessore alla CULTUR ed al TURISMO: due cose mai viste e mai sentite nelle stanze di Palazzo Gallone.

Si penta anche Donato Valli insieme a tutto il suo comitato per aver pensato, progettato e installato il monumento a don Tonino Bello al centro della piazza più bella (perché la meno usurpata) di Tricase, senza neanche chiedere scusa a don Tonino stesso. In linea di principio il monumento è un buon modo per ricordare, ma va adattato alle circostanze, al luogo, agli scopi e non pensando a possibili indulgenze.

E poi, non ho ancora sentito un solo ingegnere, geometra o architetto pentirsi per gli scempi degli ultimi anni: chi ha progettato il nuovo cimitero, il nuovo porto, la nuova rotonda, i palazzetti dello sport, il nuovo stadio, la piazza di S. Eufemia? Il fatto che avessero gli incarichi per esclusivi "meriti" politici, li vincolava a creare nefandezze? Fuori le confessioni!

Avevamo un paesaggio (l'abbiamo ancora, a ben guardare) fatto di muretti a secco, pajare, strade e case bianche. Avevamo delle caratteristiche umane e ambientali sulle quali lavorare per farle evolvere, farle diventare filosofia di vita positiva e non passiva rassegnazione, caratteristiche riconoscibili di un nostro vivere comune e, invece, abbiamo frantumato tutto: case, muretti, cibo, fichi d'india compresi.

Di una cosa però non mi pento ancora: di essere nato qui. Anzi devo dire che "ad esempio a me piace il sud", come cantava il compianto Rino Gaetano, "ma come devo fare non so, si, devo dirlo, ma a chi e se mai qualcuno capirà sarà senz'altro un altro come me".

"Nuove Opinioni" – Novembre 1996

L'albero di Natale del condominio San Marco

Tutto ebbe inizio con un cartello esposto vicino agli ascensori il dodici di Dicembre: "Aderisci anche tu. Il tuo contributo volontario per avere all'interno del nostro condominio le luci di Natale. Si prega di contattare il Sig. Luigi De Sciurtis, scala C".

Per giorni interi Luigi non ha avuto altri pensieri. Certo, continuava ad andare al "Bar del Popolo" per bere qualcosa, ma si guardava costantemente in torno alla ricerca del condomino contribuente. Non solo. Con insistenza cercava conforto nel geometra Saverio Mongedi, che aveva già scritto al suo computer gli inviti degli ascensori.

Il geometra era perfettamente in ritardo su tutto: appuntamenti, consegna dei lavori, preventivi, calcoli statici, accatastamenti, condoni.

Luigi era in preda al panico: aveva già raccolto novantamila lire e non aveva ancora deciso come addobbare il condominio San Marco. Erano le otto, tramontana, quasi quasi è meglio "mezzo San Marzano".

Quando scendo lo trovo vicino al portone, infreddolito, mi chiede il contributo, gli appioppo trentamila lire, poi andiamo al bar di fronte, io un caffè, lui un "peroncino", cioè un bicchiere di birra. Luigi sta lavorando sodo per questo Natale.

I giorni passano veloci: è già 22 Dicembre. Luigi e il geometra si danno precisi appuntamenti in continuazione, il geometra puntualmente non c'è.

Adesso Luigi è veramente stressato: ha un compito così delicato e non riesce a portarlo a termine per colpe altrui. Lo dice a tutti, più volte, anche ai suoi amici del bar. È vero, sta seduto al bar, ma guarda se arriva il geometra Saverio. Arriva la mattina del 23 Dicembre, ed ecco come di incanto, come nelle favole più dolci, compare un albero, un pino vero, dentro un vaso di terracotta con la giusta miscela di terra.

Luigi è soddisfatto, può mettersi a bere un "anisetta".

Ma il compito non è finito, l'albero va addobbato e lui vuole andare con il geometra a comprare luci, palline, stelle e finta neve.

Luigi pensa, ma non solo pensa, lo dice anche, che lui, disoccupato cronico, vuole dimostrare che cosa sa fare.

Il geometra è sparito, i soldi ce li ha lui. È la sera del ventitré dicembre, l'albero è ancora spoglio, il geometra introvabile, Luigi ha passato tutto il giorno, ma proprio tutto, fra il bar e il condominio. Quei venti metri di strada che li dividono, li ha percorsi decine di volte. Quando arrivo, verso le sette di sera, mi viene incontro con gli occhi sgranati, il volto tiratissimo, e con le braccia aperte mi informa della sua totale impotenza, a causa del geometra introvabile.

Aveva raccolto trecentomilalire, una cifra, ma tutto il condominio rimaneva col fiato sospeso.

Siamo alla vigilia di Natale, il geometra Saverio è stato per soli cinque minuti nel suo studio, al piano terra del condominio San Marco, verso le otto di mattina. Ha detto che sarebbe tornato dopo venti minuti. Ma si sa come sono le vigilie: piene di imprevisti.

Sono le tredici e Luigi aspetta paziente vicino al bar, arriva un amico e va a prendersi un aperitivo, un Biancosarti, l'aperitivo vigoroso. Finalmente alle quindici arriva il geometra con le palline e una ventina di fiocchi rossi.

Luigi guarda in alto, verso i condomini, la sua idea finalmente si realizzava. Anche il condominio San Marco poteva festeggiare il Natale, l'addobbo era completato, l'albero al centro della piazza condominiale riempiva i cuori di gioia. Certo, faceva anche un po' di compassione, c'era una luce ogni mezzo metro e l'unico colore era il rosso, ma Luigi era soddisfatto così, l'avrebbe voluto più bello ma i soldi non erano tanti. Dava l'idea dell'addobbo di una famiglia sottoccupata che voleva nascondere con qualche trucco la propria povertà.

Nessun condomino fece apprezzamenti particolari, né si fece fare un preciso rendiconto dei costi, che oltretutto, fra geometra Saverio e Luigi erano diventati complessi abbastanza indecifrabili.

Il condominio della sua totale indifferenza e qualche programma televisivo, viveva l'attesa per il Natale.

Era una settimana fredda. E ventosa anche. L'albero era senza nessun tirante, stava in balia del vento dentro il suo vaso rivelatosi leggera plastica color finto terracotta.

La mattina di Natale, venticinque Dicembre, l'albero era a terra, come sfinito, come cosa di nessuno, come inutile canna, indifferente a se stesso.

Luigi era vicino al bar e dava gli auguri a una moltitudine di amici, praticamente a tutti e con qualcuno, più di qualcuno, brindava con mezzo Montenegro ("non c'eravamo sentiti mai tanto uniti").

Mentre lo osservavo dalla finestra sembrava avesse davvero addosso l'aria di festa.

L'albero rimase a terra e nessuno lo sfiorò fino al sei Gennaio.

Il giorno dopo le feste, il solerte amministratore del condominio San Marco lo fece prelevare dagli addetti alla spazzatura.

1997

Del territorio compatibile

In un'epoca in cui tutti parlano di Internet (ma gli utenti in Italia sono ancora pochissimi), di villaggio globale, bla-bla e tutti sanno tutto, osservo il Salento e mi pongo delle domande.

Tutti amano parlare del Salento come "terra bellissima", ma pochi fanno qualcosa per conservare la struttura originaria; pochi hanno bene impresso il concetto di "sviluppo compatibile", dove quell'aggettivo dovrebbe indicare il rispetto più profondo per il territorio che ci circonda.

E allora mi chiedo: perché le "zone 167" fortemente volute da tutti, devono essere necessariamente costruite in maniera disarmonica e con materiali non idonei? Perché quasi tutti i nostri centri storici sono abbandonati, per far vivere gli stessi abitanti in brutti palazzoni condominiali? Hanno avuto, questi inconsapevoli fuggitivi, l'acqua corrente ed il bagno in caso: ma non era meglio investire in fognature ed acquedotti e aiutare con piccoli finanziamenti i singoli piuttosto che distruggere un territorio e disperdere migliaia di miliardi? Perché quando le amministrazioni comunali e provinciali ampliano una strada distruggono un antichissimo muretto a secco e lo sostituiscono con un bel "blocco" di cemento? (In Irlanda ogni anno vanno tanti leccesi a godersi il paesaggio pietroso, ventoso e…intatto!!)

Perché non è ancora nato, come del resto sembra ormai scontato in ogni parte del mondo, il concetto di conservazione reale del proprio territorio, che cerchi di valorizzare tutti i particolari che lo possano rendere unico?

Chi decide che nella campagne si buttino giù (o si deturpino) le vecchie pajare e si sostituiscano con costruzioni cubitali, anonime ed orribili alla vista di qualsiasi comune mortale? (Esclusi i proprietari, naturalmente, che presi singolarmente andrebbero psicanalizzati). Chi ha deciso di cementificare le nostre marine, cosa che, peraltro, non ha portato nessun utile né economico né turistico? Il giorno di Natale a Tricase Porto, circolavano non più di dieci auto. Dov'è quindi la necessità di costruire altre strade, altri porticcioli, altre rotonde e altri parcheggi?

Chi ha deciso che quindici Comuni, praticamente legati l'un l'altro, debbano avere ben quindici zone industriali, quindici zone artigianali e nessuna veramente funzionale con ferrovia, strade e porti, mentre tutte e quindici insieme deturpano, con strana e ferma determinazione, delle bellissime (pietrose) campagne? Non era meglio ipotizzarne una, ma bene integrata, organizzata e compatibile con il territorio esistente? E inoltre, perché nel lessico comune la parola "sviluppo" equivale a industria? Chi l'ha detto?

E perché nessun politico nostrano (eloquente, presenzialista, demagogo: cioè vuoto) tocca questi temi, neanche i nuovi (tanti) candidati sindaci? Possibile che tutti questi uomini, a volte apprezzabili per altruismo, parlino astrattamente di problemi senza avere cognizioni, sensibilità ed idee riguardo al nostro territorio? Lo sviluppo futuro passa attraverso la ricerca della qualità della vita, di uno sviluppo armonioso e della tenace conservazione di una propria originale tipologia ambientale.

Mi sembra, da osservatore comune, che nessuna delle tre ricerche abbia avuto da noi il primo soffio vitale, né che il sentimento sia ben condiviso da larghe fasce della popolazione. Infatti, tutti noi, nel privato, continuiamo la sistematica distruzione di tutto ciò che ci circonda.

Ancora una volta – e non è il solito richiamo qualunquista – è una classe dirigente che deve farsi carico di lavorare seriamente attorno al nuovo. Ma per lavorare bene è utile sancire dei sani principi per scegliere i nostri rappresentanti e forse anche i nostri burocrati. Chi vuole emergere, rappresentare gli altri deve essere una persona che legge molto (almeno da Voltaire in poi), che studia i problemi, che abbia voglia di viaggiare e conoscere, e che, al di là dell'onestà, abbia il coraggio di rischiare (anche su se stesso, qualche volta), riportando nella propria realtà ciò che ha imparato dallo scambio di idee con il resto dell'umanità.

Tutto il resto, Internet compreso, se non parte da queste basi, è aria fritta.

"Nuove Opinioni" – Gennaio 1997

1977, una rivoluzione in provincia

E adesso che siamo nel '97 e abbiamo imparato a rievocare qualsiasi cosa, mi chiedono di parlare del '77, dell'ultimo grande rigurgito del '68, e delle sue implicazioni su Tricase. Ho sempre evitato di fare, in questo campo, operazioni politico/nostalgiche perché le ritengo fuorvianti rispetto alla realtà di quel tempo e alla comprensione di quella attuale. Spesso finisce con un *"ah, quelli si che erano tempi"*, che allontana l'interlocutore e ti isola nei tuoi pensieri. Non mi sono mai rassegnato che quelli erano i tempi giusti e che poi non sia stato più possibile combinare niente di buono, se non ricerca sfrenata di denaro, lussi e tranquillità. È bello vivere dal di dentro le realtà più vivaci del momento, esserne parte, sapendo sempre che ogni cosa ha il suo giusto sapore solo in quel dato momento, come un piatto di spaghetti alle cozze non può essere mangiato scotto o surgelato. Ma oggi, obiettivamente, non posso esimermi dal parlare di quegli anni e quindi dei miei vent'anni.

Alcune mie scoperte furono la scoperta di un'intera generazione (oh quanto è difficile parlare di generazioni) e senza ordine mi sovviene la scoperta dell'Ajax di Cruijff e Kroll, quella delle radio "libere" e dei cantautori, di un'aria frizzante di novità che non avevamo respirato a scuola, e poi le serate al porto d'inverno a telefonare agli amici universitari, *Nuove Opinioni* e amici dappertutto, la voglia di sovvertire il mondo e ridargli l'armonia antica, quella sconfitta degli indiani d'America, in un misto non decifrabile di incoerenze e ingenuità, di vere ricerche e lotte inutili, di piacere irripetibile di stare con tante persone a parlare di se stessi per ore, senza annoiarsi mai. E poi quelle assemblee politiche dove le idee forti e controcorrente, anche contro certe abitudini della sinistra tradizionale, finivano per primeggiare, per farci diventare ancora più uniti. E poi il riflusso.

Quando vidi per la prima volta giocare Cruijff rimasi affascinato dalla carica innovativa del suo gioco: riusciva ad essere tecnico e veloce, goleador e centrocampista nella stessa partita, e poi Kroll in difesa mi sembrava un marziano imbattibile per forza e velocità e quando lo vidi calciare il pallone a settantametri con una facilità spaventosa, decisi che quello era il mio calcio. Per anni sono stato uno studioso dell'Olanda calcistica e mi piaceva anche il fatto che non vincevano ma spesso arrivavano secondi. Le interviste sul modo semplice di vivere il sesso dei giocatori olandesi andavano a ruba: parliamo di tempi in cui l'allenatore consigliava di stare lontano dalla moglie per intere settimane.

Le radio "libere" furono vissute come un'epopea. Oggi non possiamo più immaginare cosa significhi una vita con due soli canali, praticamente senza musica leggera, con le spasmodiche attese di *"Alto gradimento"* di Arbore e Boncompagni e *"Supersonic"* la sera alle nove. Ricordo i manifesti della prima radio locale: *"Radio capo, 102.5 mhz, un impegno per un Salento migliore"*. Io c'ero su quella capanna naif, sulla serra di Specchia da dove trasmettevamo come rifugiati politici in fuga dalla noia di Stato. Conducevo una trasmissione (*"Radioactivity"*) che faceva ascoltare di continuo cantautori e musica country americana, cose superinnovative rispetto alla cultura mediatica del tempo. Il pubblico aveva un'ingenuità di nuovo tipo, misto ad una curiosità per questo modo di fare che non gli sembrava possibile. Venivano centinaia di persone in pellegrinaggio verso la nostra capanna per capire qualcosa di più, per vederci, per partecipare ad un evento che parlava di loro. Era davvero un grande evento. Avevo diciotto anni e ricevevo decine di lettere al giorno, alcune lunghe anche dieci pagine che mi parlavano di tutto. Cominciai ad incazzarmi, quando invece di impegno per il Salento diventammo semplicemente "musiche con dediche per il Salento".

E allora preferii gli amici di sempre con i quali riuscivo a godermi Tricase in tutta la sua pienezza, con estrema differenza fra estate ed inverno. Avevo le giornate sempre impegnate di Tricase, seguivo tutte le manifestazioni culturali, sportive ed anche qualche consiglio comunale: avevo programmato una vita d'impegno. Tutti i miei compagni di classe partirono per l'università, mentre io preferii rimanere, giocare al calcio e interessarmi del mio paese, anche con il lavoro. Però rimanemmo in contatto con tutti gli amici: avevamo scoperto una cabina telefonica a Tricase Porto, che con un solo gettone ti permetteva di chiamare per ore intere. E allora, prima le mega riunioni di politica e auto-coscienza e poi telefonate e giochi sulla banchina del porto con il mare di novembre, aspettare l'onda e vedere chi si bagna, chi è veloce a saltare su. Tricase Porto nel '77 era vuota già a settembre e anche noi andavamo a letto molto presto, la moda di tirar tardi la notte arrivò alla fine degli anni '80. La discoteca "*El Condor*" apriva alle otto di sera e a mezzanotte era già chiusa. Il mercato coperto era in piazza Cappuccini già da qualche anno e ancora vi entrava qualche cliente. Al cinema vedevamo il primo Nanni Moretti negli ultimi colpi di cosa del Cineforum. Oggi i due cinema di Tricase proiettano solo films di prima visione, mentre nel '77 imperava l'Hard Core. Le nostre serate migliori erano alla pizzeria "*da Gino*" su largo Santa Lucia, che è stata l'unica pizzeria di Tricase e dintorni per decenni. Quando trovavi anche le polpette al sugo era festa. L'unico albergo ristorante "*Vantaggiato*" era un posto dove incontravi tutti, calciatori, artisti vari, viveur, notabili e politici. Nel '97 è arrivata la "Pay per View" per la gioia dei tifosi di calcio: nel '77 al "*Club Juventus*" si vedeva la partita tutti insieme. Lo stesso club organizzava ogni anno almeno cinque-sei manifestazioni sportive di un certo interesse.

Alcune grandi battaglie politiche si conducevano con entusiasmo coinvolgendosi in vari livelli intellettuali, fino a quello di "*Nuove Opinioni*", considerato un po' ermetico e narcisista. Le grandi rivoluzioni arrivavano sfumate: la P38 non si è mai vista, qualche ragazzino aveva la fascetta in testa come gli "indiani metropolitani", gli spinelli rimasero uno sport per pochissimi. La rivoluzione in provincia era una sfida strana, mancavano gli operai ed una vera coscienza di classe, e poi rispetto ai primi anni '50, tutti sentivano il benessere, tutti provavano l'ebbrezza delle prime cose inutili (fosse anche un soprammobile). Del resto noi non avevamo nessuna voglia di essere inquadrati come "*marxisti-leninisti*". Il nostro principale interesse rimaneva ancorato alla realtà di Tricase ed era quello di uscire da un oscurantismo culturale/politico che si rifletteva immediatamente sulla nostra vita quotidiana: la ragazza che non poteva uscire di casa, con le famiglie arroccate su un pessimo moralismo di facciata, le istituzioni lontane dai nuovi bisogni giovanili (musica, sport, confronti con altre realtà). In mezzo a tutto questo c'era spazio, e molto anche, per una varia umanità scomposta e disordinata, che si aggrappava a qualsiasi cosa sembrasse un po' di vita, senza alcuna convinzione, senza nessun vero obiettivo.

Mi si chiede se Tricase e i suoi abitanti venti anni fa fossero meglio o peggio. Provo a rispondere: quando ci fu il *"riflusso"* sul finire degli anni '70 cercammo di capire cosa volesse veramente dire ed oggi lo posso reiterare. Era quella voglia matta familistica ed egoista di pensare ognuno ai cazzi nostri, una cosa voluta da tutti, per uscire da quella ubriacatura collettivista, che un po' asfissiava. Una vita troppo intensa e assorbita dai problemi sociali e del mondo intero era una tortura intellettuale che ti faceva stare male, mentre un altro mondo sembrava vivesse felice. E poi, diciamolo francamente, nelle giornate nere, diventava complicato anche andare a prendersi un gelato, per decidere la cosa più banale si finiva per litigare in trenta.

Non so se il risultato della realtà sociale di oggi possa considerarsi nello standard immaginato di qualità della vita, (certamente pieno di cose), ma chiudo gli occhi un attimo e vedo quattro ragazzi senza soldi che, con una vecchia 500, consegnano le guide telefoniche in tutto il basso Salento e scoprono al sole di gennaio l'incanto di posti ancora medievali, una casa di Tutino semidiroccata, sede di riunioni e dibattiti organizzati e senza limiti, ad interrogarsi su tutto e niente, con una seria ironia, in mezzo a vetrinisti pazzi, muratori e fruttivendoli stanchi, artisti confusi, attori incompresi, giornalisti falliti, avvocati e dottori "in pectore". E intanto sul piatto dello stereo acquistato da *"Selezione"* girano i 33 giri di Dalla, Guccini, Van Morrison e John Lennon.

Convegno sugli anni '70
organizzato in Galatina – Marzo 1997

Era la fine del 1600

Era il tempo in cui i cognomi non erano ancora ben definiti e potevano essere candidati dal prete di campagna. Un prete che era preciso e amava annotarsi le cose strane ad ogni battesimo, senza dover chiedere passaporti e certificati.

Giovanni Battista De Josepho si svegliava che era vicino il mattino. Michele, il sacrestano, sarebbe andato a suonare il nuovo giorno dopo pochi minuti. Giovanni Battista amava aspettare già sveglio il suono della campana. All'inizio dell'estate, ancora buio, si sedeva fuori di casa, guardava il cielo che andava schierandosi e cercava di indovinare che giornata lo potesse attendere. Subito dopo la campana, o forse insieme, un veloce segno della croce e, con calma, zappa al collo, verso i campi.

La moglie di Antonio Brandolino aveva fatto il pane e ne sentiva l'odore. Era già oltre il mattino; don Pietro Amoroso stava per andare in chiesa. I braccianti del principi erano nelle stalle con i buoi. Nella fresca luce del mattino di maggio arrivò Giacomo Gramignazzo. Qualcuno, tanti anni dopo, avrebbe poi parlato del pane di Antonio Brandolino per spiegare del perché Giacomo Gramignazzo si sarebbe fermato a Tutino.

Certo fu una sorpresa scorgere quell'uomo di fronte alla chiesa, con un borsone strano, mai visto prima. Di tanto in tanto arrivava in paese qualche viandante: ma Giovanni Battista De Josepho capì a prima vista che Giacomo non lo era. Per un attimo pensò che potesse essere uno slavo sbarcato al porto per vendere dei cavalli, ma l'orario e la posizione gli fecero subito capire che quello era un uomo speciale. Si avvicinò con curiosità a quell'uomo. Lo guardò un attimo: sembrava stesse dormendo, seduto sul sagrato della chiesa si fermò ancora per aspettare Antonio Brandolino: ogni mattina facevano insieme un pezzo di strada, parlando delle cose di Tutino.

Quella mattina, con l'odore forte del pane, Antonio Brandolino fu accolto da due domande: chi è quell'uomo? Da dove viene? Giovanni Battista De Josepho passandogli accanto disse: "Buon giorno, buon uomo" e Giacomo Gramignazzo, alzando all'improvviso la testa, disse, quasi come una sentenza: "Il mondo è retto dal commercio, c'è chi compra, c'è chi vende. Quando non si vuole comprare o vendere si fanno le guerre".

Antonio Brandolino e Giovanni Battista De Josepho che avevano rallentato il passo per ascoltare lo straniero, si guardarono negli occhi, sorrisero e, quasi insieme, dissero: "Buongiorno, buon uomo". Incamminandosi per il sentiero che portava alla Madonna della Pietà, ognuno per conto suo, in silenzio, continuava a pensare a quell'uomo. Antonio Brandolino arrivò al suo appezzamento e disse: "Buona giornata, Giovanni".

La sera si ritrovarono in osteria. Era una cantina vecchia e buia, ma Elia faceva trovare sempre del vino, lupini salati al mare, sanguinaccio d'inverno e carne di cavallo d'estate, e questo bastava. Giacomo Gramignazzo era seduto nell'angolo più buio, ma già tre paesani lo stavano ascoltando. Il vino arrivava più veloce, le storie erano incredibili eppure sembravano vere. Giacomo raccontava di barche enormi, capitani coraggiosi, pesci giganti, terre lontane con uomini cannibali e donne nude... Stava raccontando di un mondo strano, in movimento, alla ricerca dell'oro e di altre ricchezze, più nascoste e favolose. Giovanni e Antonio lo salutarono e lui rispose, invitandoli. Fino a notte continuarono a bere: cinque brocche di vino si consumarono. C'era una piccola casa che Antonio Muccio morendo aveva lasciato in eredità alla Chiesa. Ubriachi, che ormai era mezzanotte, svegliarono Pietro Giovanni Amoroso e lo convinsero a far dormire lì il loro grande amico, Giacomo Gramignazzo. E lì visse per tutto il resto della sua vita.

E lui ogni sera raccontava di invenzioni strane, di scoperte sensazionali: le montagne erano enormi, i fiumi più grandi del mare, gli animali strani e mostruosi, gli uomini non parlavano, le onde del mare più alte della chiesa. E nella confusione più totale e con mille ripetizioni raccontò, per tanti anni ancora. Ma qualcosa aveva visto davvero e questo lo avevano capito tutti appena conosciuto. Dopo qualche tempo, Giovanni Battista De Josepho e Antonio Brandolino ne sapevano più di lui e a volte lo soccorrevano nei ricordi e a volte sembrava quasi che ci fossero stati anche loro. Quando erano soli, seduti vicini a casa, nella frescura della sera, cercavano di capire chi fosse, da dove venisse. Quando glielo chiedevano giacomo Gramignazzo rispondeva: "Il mondo lo conosci, gli uomini pure, io non so chi sia". Nessuno lo avrebbe mai saputo, ma quando morì capivano che avevano perso la persona più importante della loro vita. Non ebbe mai una donna e da qualche frase detta da ubriaco si intuì che era quello il vero motivo della sua presenza a Tutino.

Fu sepolto in chiesa insieme ai suoi amici di osteria e il vecchio Giovanni Battista si ricordava di lui ogni volta che vedeva una persona nuova.

1989

I pensieri di un'estate tricasina

Piccole annotazioni per i posteri. L'estate a Tricase è stata molto buona, come quelle di una volta, è piovuto pochissimo. Il tempo si è così risparmiato tutta una serie di insulti, insinuazioni, chiacchiere sulla sua tenuta. Non so perché, ma la fine dell'estate stimola l'idea di fare resoconti, emettere giudizi, sempre alla ricerca di un'estate che non c'è.

L'estate è invece confermato due, tre precedenti certezze:

i turisti vengono a Tricase solo durante i dieci giorni di Ferragosto; l'artigianato non esiste più; il Tricase è in C2; i pezzetti di cavallo al sugo li sappiamo cucinare benissimo.

Con ordine. Il turismo è una chimera irraggiungibile per motivi già noti. Scarsissima cura del territorio da parte di privati ed enti, assenza di buoni ed economici alberghi sul mare, scarsa promozione in Italia e all'estero della nostra (eventuale) tipicità.

Una tipicità che si distrugge ogni giorno: province, comuni, ditte, privati distruggono ogni giorno un muretto a secco o una strada selciata, riempiono le buche naturali del nostro terreno con materiale di risulta.

C'è una incredibile voglia di levigato e comodo. Costruire da noi equivale quasi sempre a deturpare, a tutti sembra normale. Pochi hanno capito che questo senso del bello può essere la base per il turismo.

Anche Palazzo Gallone è rimasto vittima di qualche architetto presuntuoso.

La sala del trono, che, denudata di tutti i suoi stucchi e legni, ha perso molto del suo fascino (presumibilmente già minato dall'uso per qualche decennio di palestra del Magistrale, tanto per fare meglio capire la sensibilità verso le cose belle di amministratori vecchi e nuovi), l'uso sproporzionato dei muri a vista, i pavimenti nuovi completamente sbagliati fanno nascere più di qualche interrogativo su questa ristrutturazione.

Per esempio: cosa fa la sovraintendenza alle belle arti? Esiste?

La nuova Giunta (destra nella testa, sinistra nel braccio, misteri delle ultime riforme) ha organizzato dell'altro: un raduno bandistico, una estemporanea di murales, qualche rappresentazione teatrale, tutte cose senza lode né infamia, che difficilmente resteranno.

Ma si nota anche, ad amor del vero, che c'erano pochi soldi da spendere.

Una menzione a parte merita invece la festa di San Vito. Gli organizzatori hanno riempito di musica tutto il centro storico, usando tutte le belle piazzette di Tricase.

Musiche differenti e per tutti i gusti, lasciando in Piazza Pisanelli la tradizionale banda.

La ricchezza che il turismo può dare a posti tipo il Salento si basa su piccole ma generalizzate ed efficienti organizzazioni tipo "Bed & Breakfast", conosciutissime in Irlanda, Scozia o Grecia, dove le particolarità geografiche non permettono la costruzione di grandiosi hotel.

Da noi invece chi possiede una casa, o l'affitta senza alcuno sforzo per un mese intero a prezzi altissimi, oppure niente. E così le case rimangono chiuse, il turista di sette giorni va in Grecia.

Del resto promuovere e organizzare circuiti di questo tipo è affidato ad Enti (tipo EPT) che al Sud sono gestiti da personaggi "politici", scarsamente motivati, di dubbia conoscenza del settore e di scarso attivismo. Chi si occupa delle grandi strategie del settore, cerchi di amare ogni singola pietra, di toccare il meno possibile quello che è stato costruito negli ultimi tre milioni di anni, di lavorare con entusiasmo e fantasia. I turisti allora arriveranno anche a Marzo. E probabilmente diversi per cultura e capacità di spesa rispetto ai pochi frequentatori attuali.

L'artigianato. Ogni anno, seppure con nomi diversi, il Comune di Tricase, organizza una mostra-mercato dei manufatti locali. La confeziona negli ultimi quindici giorni, mancando di coordinamento e di un'idea guida.

La conclusione è che sono presenti sempre meno i veri artigianati nella solita kermesse agostana in cui c'è di tutto, dai modellini confezionati di navi spagnole ad uno scadente "antiquariato", dai cactus tropicali alle videocassette degli ultrà del

Tricase Calcio.

Se non fosse oltremodo ridicolo, ci sarebbe da chiedersi tanti perché.

Da questo grigiore dominante salverei Rocco Ingletto, artigianato del ferro, che ha il coraggio di esporre due opere non commerciali, fuori dagli schemi, tanto per guardare con una rispettosa nonchalance alla mostra stessa; salverei senz'altro Giovanni Grimaldi che confezionato in miniatura delle bellissime "paiare" in pietra annerita e Salvatore Brigante, di professione vivaista, che ha scritto delle nostalgiche, vere poesie, incidendole sulle pietre (ha pubblicato anche un libricino). Dalla loro visione semplice, ingenua e realmente radicata nel nostro territorio ci sarebbe tanto da imparare, solo avessimo tempo e testa per ascoltare. Alla loro scuola di umiltà e fatica manderei qualche artista di grido, tipo Pignatelli, che pur con una buona tecnica, pensano più al marketing che alla "crescita dell'anima", difficile da ricreare durante le serate vip d'inaugurazione.

Lo stesso Pignatelli ha utilizzato nell'ambito delle manifestazioni estive, il posto di maggior prestigio, la sala del trono di Palazzo Gallone, finalmente visitabile.

Un bell'esempio di come si possa unire nuovo e tradizionale, creando nuovi appuntamenti. Nell'ambito della stessa festa di è svolto il II Festival della Musica Popolare, con gruppi anche di altre regioni.

La manifestazione ha raccolto grossi consensi e forse in futuro meriterebbe una cornice tutta sua e magari un premio che stimoli la novità. Comunque gliel'ho detto tante volte a Giuseppe Colazzo che lo vedo meglio adesso da similpriore che durante il suo Assessorato.

Ad ognuno il suo destino: c'è chi nasce festaiolo e chi nasce Assessore.

Ultime annotazioni per i posteri: tre ragazzi nell'ambito dell' "Itinerario dell'Artigianato, ecc...", hanno aperto un bel locale in via San Demetrio ristrutturato con gusto e semplicità. Non è stato molto salutare per il mio peso, ma ho assaggiato quasi tutte le sere degli ottimi pezzetti di cavallo al sugo e una perfetta "massa, ceci e cozze". Per un paese che, anche nella ristorazioni, ha perduto la tramontana non è poco.

Questa è stata l'estate tricasina, un po' vera, un po' falsa.

Settembre 1997

Tre masserie e una quercia

C'erano una volta tanti anni fa, tre masserie. Benché fossero vicine, addirittura confinanti, i proprietari e i loro figli non avevano buoni rapporti fra di loro. Anzi, gli anziani di ogni masseria raccontavano ai bambini quanto fossero cattive le persone che abitavano le altre. Le mamme erano prodighe di consigli ed erano soprattutto attente a non far superare ai propri figli i confini dei loro poderi. Tutti vivevano con la paura di furti e di dispetti di ogni tipo. I bambini non capivano bene il perché, ma seguivano i consigli dei genitori e quando qualcuno trasgrediva aveva delle terribili conferme: succedeva infatti di scavalcare i lunghi muretti di pietre e cominciare a parlare con altri bambini e ad immaginare di poter giocare senza doversi nascondere; ma appena erano visti da qualcuno ricevevano una bella razione di sberle, prima dai vicini e poi dai propri genitori.

Sembrava proprio impossibile: troppa diffidenza, troppa paura gli uni degli altri.

Finché un giorno, una quercia, che era nata per caso al centro delle tre masserie, portata dal vento dell'est, con il favore degli antichi greci, non divenne grande e capì che doveva fare qualcosa. Oltretutto pensò che se era nata in quella posizione non poteva essere un caso.

- Non è giusto – disse fra sé e sé – che queste famiglie si odino, mentre dalla mia altezza vedo che sono delle brave persone, hanno solo paura, e ci vorrebbe poco per farle vivere in armonia.

Sui suoi rami si posavano a quel tempo per lunghe settimane, delle cicogne che venivano dal nord della terra e cercavano zone più calde per trascorrere l'inverno. E per passare il tempo, come fanno tutti gli uccellini, si raccontavano della loro vita, parlavano, chiacchieravano e la quercia in silenzio ascoltava e di tanto in tanto commentava con uno scossone benevolo.

Un anno ne arrivò una bellissima, bianchissima e dallo sguardo sincero e le disse:

-   Senti bella cicogna, so che vieni da luoghi lontani dove vive un

uomo molto vecchio e discreto che ogni anno a Natale, distribuisce doni ai bambini buoni. Puoi dirgli di venire una volta fin quaggiù a parlare con me?
- Ho capito cara e forte quercia, tu vuoi parlare con Babbo Natale. Ma ormai io sto andando in Egitto, solo l'anno prossimo potrò rivederlo!
- Mi prometti che gli parlerai di me? E di questa terra piena di pietre? Potrà venire secondo te?
La cicogna rispose convinta:
- Io parlerò con lui e poi l'anno prossimo ti farò sapere.
Trascorse un lungo, pericoloso anno durante il quale le famiglie delle tre masserie continuarono a guardarsi con sospetto, ad odiarsi quasi.
Ma un bel giorno ritornò la cicogna e dietro di lei, incredibile a dirsi, una slitta con tante renne e un uomo con la barba lunga e bianca.
La cicogna si posò sulla quercia e disse:
- Bella e forte quercia, ecco Babbo Natale. Finalmente puoi parlare con lui.
La quercia era emozionatissima, quasi si metteva a piangere ma in poche parole spiegò la brutta vita che si conduceva in quelle tre masserie, così vicine e pure così distanti.
Lei poteva vedere ma non poteva aiutare, poteva agitarsi, ma non aveva modo di farsi capire. E poi gli uomini si sa, tradizionalmente, sono molto distratti, alle querce non prestano attenzione.
Era la vigilia di Natale. Soffiava un vento di tramontana. Dall'alto della quercia si vedeva il mare e le tre masserie con tanti bambini tristi. Il cielo era terso come non mai.
Babbo Natale disse:
- Grazie vecchia quercia. Ho capito il problema, spero di riuscire a risolverlo in una sola notte.
Così dicendo schioccò le redine e le renne, velocissime, sparirono in cielo.
Venne la notte di Natale.
Babbo Natale, grosso ma leggero, entrò senza farsi notare in tutte le case dove c'erano bambini e lasciò a tutti un unico

messaggio:

"Buon Natale, sono il tuo vicino, non so come dirti che mi sei simpatico! Auguri a te alla tua famiglia".

Ogni uomo, donna e bambino, sorpreso da tanta gentilezza, pensò che qualcuno dell'altra masseria aveva avuto proprio una grande idea. All'improvviso tutti insieme, il mattino di Natale, sentirono una grande gioia e per la prima volta ebbero voglia di stringere amicizia con tutti i vicini.

In men che non si dica furono organizzate delle feste e dei lunghi pranzi e alla fine, un po' ubriachi, decisero di unire le tre masserie e di creare un unico paese.

E da allora la quercia Vallonea è il centro delle tre masserie; il paese divenne sempre più grande ed ospitale e lo chiamarono Tricase; ogni anno torna Babbo Natale a salutare tutti i bambini, e in ricordo di quel giorno lascia qualche giocattolo.

Sono passati tanti anni, sono cambiate tante cose, ma gli uomini grandi sono sempre disattenti e anche la quercia parla di meno.

La cicogna per andare in Egitto ha cambiato strada, ma tutti i bambini (e non si sa il perché) ne hanno nostalgia e aspettano che Babbo Natale, almeno per una volta, torni insieme a lei.

Scritta per spiegare Tricase e Babbo Natale a
Giancarlo e Guglielmo – 1997

Vera corsa

Ho voglia di correre ancora.
Correre in forma di dimenticanza
dell'altrui sofferenza,
sezionata ad ogni incontro,
rivissuta in ogni sguardo,
e persa dopo ogni parcheggio
– quotidiana fatica liberatoria –
Fermarsi è un crampo al polpaccio
che arriva lento al cuore,
pompa magna di un cervello senza fine.
Vera corsa continua,
non mi lasciare
fino allo sfinimento,
fino a prendermi
all'improvviso.

1999

La chiarezza delle cazzate

Lo dico subito con estrema chiarezza: continuiamo a programmare e a fare grandi cazzate.

Dai pubblici manifesti leggo che il Consiglio Comunale di Tricase fa i voti all'Amministrazione Provinciale per l'ampliamento delle strade che collegano Tricase a Lucugnano e Depressa.

È evidente che nessun consigliere comunale, liberamente e dopo intense e gravose battaglie fattosi eleggere, ha avuto il tempo di analizzare con attenzione le strade in questione, l'intero territorio di Tricase, il problema reale della viabilità.

Andiamo con ordine. Le due strade sono più che sufficienti per assorbire il modesto traffico di collegamento con le due frazioni (strade di quelle dimensioni collegano importantissime aree industriali del Nord). Il loro ampliamento (due, tre corsie, guard-rail) servirebbe unicamente a distruggere muretti a secco, antichi muri di cinta e sconvolgere ancora il nostro tradizionale e unico paesaggio. Se poi c'è da abbattere ulivi, pajare, pozzi, cisterne e qualsiasi altra testimonianza storica, non vi sarà alcun problema, la ruspa non guarda tanto per il sottile, l'importante è finire i lavori (che durerebbero comunque dieci anni).

Questa è la logica con la quale si è andati avanti negli ultimi quarant'anni, da quando abbiamo pensato che avevamo solo due modi per costruirci lo sviluppo: strade e case dappertutto, ovunque, in ogni luogo, come ossessione da ampliamenti, nuovi asfalti e nuove ville con prato finto, finta pietra, chiuse tutto l'anno ma di fronte al mare.

Abbiamo convissuto, spesso in silenzio e spesso complici, di questi modelli di sviluppo, sempre recepiti da consigli comunali, da sindaci, burocratici, tecnici (evviva la pappa, tutti insieme appassionatamente) e da un popolo poco educato all'uso del territorio e che nello spazio di una trasmissione a quiz ha dimenticato la pazienza, la tecnica e la discrezione costruttiva dagli ultimi tremila anni.

Chi ha tentato di opporsi è stato via via bollato da epiteti vari, vecchio, antistorico, ammalato di nervi, ammalato nel fisico, lasciato dalla moglie, ha perso tutti i soldi e insomma sempre poco attendibile.

Ma i nostri consiglieri comunali, eletti liberamente da un popolo che non legge, non scrive, non vuole pensare a niente e di niente vive (escluso auto, telefonino e forse qualche bagno a mare) non hanno alcuna voglia di uscire dal coro e nel coro stanno, siano minoranza o maggioranza.

Allora non c'è nessuno che grida agli scandali territoriali che di volta in volta si perpetuano sotto i loro occhi, un po' alla volta, modificando il paesaggio come nessun altro paese europeo si sogna di fare, lasciar perdere ogni volta il fatto secondario rispetto ai bisogni primari è un errore grave.

Non succede mai niente di clamoroso, e tappa dopo tappa, nessuno è responsabile, e allora il lungomare va riempito ancora di cemento per un'improbabile passeggiata, che essendo non armoniosa con l'ambiente, non dice niente a nessuno.

Manca nei nostri amministratori l'anima romantica, quella dei messaggi sotterranei e che rimangono indelebili e non quelli propagandistici infissi sui manifesti.

E poi siamo fuori tempo massimo: la popolazione non cresce più, i giochi sono fatti, è il caso di distruggere ulteriormente?

Un'amministrazione coraggiosa, forte, un po' futuribile e con un briciolo di fantasia dovrebbe per un tipico paesotto del Sud come

Tricase, avere questo tipo di idee (proviamo a fare il gioco del programma elettorale): basta con gli sventramenti del territorio, il lungomare è inutile perché per passeggiare su può andare sugli scogli che illumineremo con delle luci idonee e poi per parcheggiare non c'è alcun problema in quanto vi saranno due autobus (costano meno dell'ampliamento) che collegano Tricase al suo Porto ogni dieci minuti, giorno e notte. Anzi, vi sarà un divieto di sosta così generalizzato che sarà impossibile non preferire il solito bus.

È finita l'epoca di abbattere muretti a secco, pajare e altro ed anzi dobbiamo lavorare per rimetterli a posto, noi e voi, cari concittadini. È arrivato il momento di investire nel .recupero, nell'estetica al servizio della reale funzionalità.

Non c'è bisogno di allargare strade sempre: la bicicletta fa bene e faremo (appena al di là dei muretti) una bellissima pista ciclabile e poi vi sarà un bus (elettrico come a Firenze dove fra qualche anno non sarà possibile andare in centro se non si avrà un auto elettrica!). Questi bus collegheranno Tricase con le frazioni, ogni dieci minuti; Tricase avrà molte isole pedonali ed è quindi consigliabile prendere il comodo bus, dove è possibile, come a Düsseldorf sorseggiare un caffè e sedersi come al bar. Piccola annotazione: tutte queste cose si fanno presentando dei progetti intelligenti alla comunità europea, che stanzia i miliardi mentre le regioni del Sud non sanno cosa farsene.

Potremmo fare ancora dell'altro, se solo qualcuno ne avesse voglia e competenza, ma cari cittadini, molti si fa anche con il vostro contributo, con la necessità di una crescita collettiva che parte dalla scuola e finisce all'amministrazione comunale (e che non è detto che debba passare necessariamente attraverso la Chiesa).

Potremmo per esempio organizzare meglio i servizi comunali, sfruttando più razionalmente il castello Gallone e poi avere un museo, vero, dell'arte contadina e forse uno, anche solo fotografico, delle testimonianze che nei millenni hanno lasciato in Puglia

Messapi, Ausoni, Sanniti, Japigi, Pelasgi, e poi gli Illiri, i Greci, Spagnoli, Francesi, e tanti altri popoli che nei secoli hanno per fortuna usato le nostre pietre. Andiamo alla ricerca di una nostra caratterizzazione, unica salvezza dell'economia e dello spirito dell'attuale marmellata globalizzata.

In assenza di voci discordanti, di progetti politici alternativi, scrivo tutto questo da cittadino (semidimesso) di Tricase nel Giugno '98, a futura memoria, e affinchè non si si dica che alcune cose fondamentali e ormai accettate come normali nel resto del mondo, non siano state espresse anche qui, almeno per una volta, con estrema chiarezza. Come le cazzate.

"Il Meridiano" – Agosto 1998

Mistero unico

Mi sono seduto
davanti al dolmen di Minervino
e ho trovato il tempo,
fuori dal cicaleccio d'aeroporto,
di guardarsi li Scusi
e le centopietre di Patù
che i Pelasgi eressero veloci
e quelle megalitiche di Stonehenge
che appaiono solari
e dalla stessa cava,
terrificante fatica di un sacrificio,
del mistero unico
della scoperta della terra.

1999

A volte basta un semplice

Uccio Aloisi ha una faccia antica. Quando lui tocca il tamburello la stanza diventa un enorme casa di risonanza. Le sue dita non si muovono con una velocità esasperata, ma cercano il punto esatto, quello che fa sentire le vibrazioni dal sapore ancestrale. Il suono è potente ed emozionale ma sempre in perfetta sintonia con la sua voce contadina. Una voce non contaminata, che non ha studiato dizione, né bel canto, ma che si libera quasi inconsapevolmente, nonostante una dentatura malferma e una serata un po' afona da raffreddore. I suoi accompagnatori sono perfetti nell'adagiarsi i suoi ritmi e a coinvolgerlo emotivamente, anche con tremende battute in perfetto dialetto di Cutrofiano. Mangia con gusto la "cipuddata e uova":

- "*Menu male pè sti quattru sordi de pensione se no muria de fame e poi me l'hannu dati moi ca nu tegnu denti cu manciu*". E giù a ricordare di aver fatto tutti i mestieri, dal contadino raccoglitore di letame o di argilla o di pietra senza mai guadagnare oltre la pura sopravvivenza. – "*Muierma putia dire tutte e cose. E iddra sane sempre divartuta quannu sape ca ieu me divertu. Putia sunare, cantare e ballare finu a crammane e iddra è cuntenta, puru intra lu liettu*".

Lui ha sempre suonato e cantato, accompagnato per anni da altri due Ucciu, di cui uno, Uccio Bandello aveva una voce bellissima, e per una vita sono stati quasi gli unici, veri interpreti della cultura salentina, quella stessa cultura sotterrata dai professori. Una cultura forse povera, ma fatta di grandi sentimenti, un sentire comune, una sessualità gestuale, geneticamente vissuta affianco a greci, latini, bizantini, arabi, spagnoli e francesi. Grandi insegnamenti ci sono da cogliere nella vita di questi nostri. Ma al di là di tutte le massime filosofiche, la semplicità e l'umiltà con la quale affrontano il loro essere artisti dovrebbe essere un fulgido esempio per tutti noi. Siamo in verità un po' stanchi di artisti che si sentono un élite inarrivabile perché hanno letto più di due libri di seguito sullo stesso autore, che sanno distinguere bene i posti dove andare per darsi un tono, dimenticando che la musica popolare canta ovunque senza tante prevenzioni, organizzazioni e sofisticazioni. Siamo realmente stanchi di questi artisti costruiti per la televisione, belli, tonici e sorridenti, artisti del computer e dell'auditel. E anche di tutti questi teorici dell'arte, sempre attenti a non sacrificare niente, né di se stessi né dei pronti denari e anzi sempre pronti a prendere. Cantate, ballate e siate liberi almeno una volta: questo ci ha voluto dire Uccio.

E quando si è fatta un'ora tarda e il vino meglio corroborato voci e mani, lui ha intonato una serie di bellissimi stornelli, Bruno a fargli da incredibile controcanto, Roberto a regalare accordi dolcissimi e Donato a lanciarsi in funambolici assolo, ci è sembrato di cogliere quel qualcosa di inesprimibile che vuole essere la pizzica. E finalmente ci si poteva permettere il lusso di sentirsi bene. Al che Uccio Aloisi, semplicemente, ha chiuso il suo tamburello in una busta di plastica, ha fatto un cenno a Giovanni, ha cominciato a infilare il giubbino da pensionato e ha sussurrato: - *Nc'era vulutu u Ucciu a na sira comu quista* - . E nessuno ha capito se si riferisse alla sua stessa voce o all'amico di sempre.

Dopo una serata di tamburelli e vino all'associazione "Pietra Viva", organizzata da Giovanni Pellegrino e con la partecipazione, oltre ad Uccio, di Roberto Vantaggiato, Bruno Spennato e Donato Lupicciu, voci storiche della migliore tradizione della pizzica salentina.

"Il meridiano" – Settembre 1998

Il pranzo con i curdi

Viviamo a Tricase, in una provincia di stupida frontiera, abbiamo quattro figli, di cui uno frequenta ancora la scuola materna. Siamo sempre stati contrari alle manifestazioni di solidarietà scandite dai tempi delle festività religiose. Non abbiamo mai capito come un bambino albanese, appena sbarcato sulle nostre cose, infreddolito e spaurito, debba aspettare il Natale per ricevere un giocattolo o un gesto affettuoso. Ciò non toglie che abbiamo fortemente apprezzato il fatto che il prossimo Natale fosse stato organizzato un pranzo presso la scuola materna con l'invito ad un gruppo di bambini curdi, già in Italia, chiusi in quelle cellette, definite di accoglienza.

Il direttore didattico, dott. Luigi Damiani, ha pensato bene di sottoporre tale rivoluzionaria manifestazione all'approvazione del collegio dei genitori.

Risultato: oggi il direttore ha affisso un comunicato per annullare il pranzo insieme ai bambini curdi, *"per volere di un gruppo di genitori che hanno dissentito nella forma e nella sostanza all'iniziativa di solidarietà"*. Rimane la vita dei bambini, ma mangiare insieme ai nostri figli proprio no. Sarebbe stato troppo, basta portare mezzo chilo di pasta e uno straccio di vestito usato e la nostra coscienza è già a posto. Fra le tante aberrazioni è passata l'ipotesi *"questi bambini curdi sono portatori di malattie e possono creare problemi ai nostri figli"*.

Questo piccolo episodio dimostra più cose:

- La nostra solidarietà rimane di facciata, emotiva e sposso ipocrita. È comunque importante che non intacchi le nostre abitudini e comodità.

- La scuola non riesce ad avere una propria identità culturale e si fa condizionare dalle paure delle famiglie.

- La famiglia italiana ha sviluppato un forte senso di ignoranza, frutto di quelle marmellate televisive, che quando affrontano problemi seri lo fanno per puro intrattenimento, con frammentarietà e con forte senso ponziopilatesco.

- Gli insegnanti non hanno più voce in capitolo sulle decisioni che si prendono nel loro ambiente e sulla vera educazione civile, infognati in burocrazie di vario livello.

- La società multietnica è lontana da venire e osteggiata a tutti i livelli (ci permettiamo di ricordare che tutte le civiltà sono state multietniche, si sono nutrite ed arricchite delle diversità ed ogni tentativo di contrastane l'integrazione reale si è dimostrato inutile e sanguinario).

I nostri figli hanno avuto tutte le influenze possibili e non ci siamo preoccupati più di tanto. E se i figli di quei genitori così solerti prendono un piccolo raffreddore, anche senza mangiare insieme ai bambini curdi? È una vera tragedia, da parlarne per tutto il pranzo di Natale.

Speriamo vivamente che mai nessuno dei figli italiani debba con disperazione attraversare un mare freddo e violento, e poi, impaurito e ricacciato, prima dalla polizia e poi dalle buone famiglie.

Lettera a "La Repubblica" e "Quotidiano di Lecce", che, per più giorni, ne hanno dato ampio risalto - Dicembre 1998

Allarghiamo, allarghiamo!

Fra poco mi conosceranno come l'oppositore degli "allargamenti delle strade salentine". In una delle ultime cose che scrissi per un giornale, m'incazzai contro l'unanimismo del Consiglio Comunale di Tricase per l'amplia-mento della provinciale di Depressa. Adesso sento montare l'urlo di una tempesta che coinvolge la Maglie-Leuca e del suo tanto atteso ampliamento. Beninteso è il solito urlo demagogico, elettoralistico e quindi molto emotivo. Ma tant'è: abbiamo trovato finalmente il vero motivo del mancato sviluppo del nostro territorio, ecco perché il turismo boccheggia, ecco perché le nostre industrie soffrono e i nostri operai sono sottopagati. Staccarsi da un coro del genere è impossibile, siamo tutti d'accordo, guai a non esserlo. Proverò con il mio solo sentire (e senza programmi di partito davanti ai miei occhi) a dimostrare il contrario e al solo scopo di scovare adepti fra i "difensori" politici della nostra provincia.

1) La provincia di Lecce sta perdendo le caratteristiche per cui poteva sperare in un vero incremento del turismo. L'eccessiva frammentazione dei Comuni ha generato centro zone industriali, cento porti, cento parcheggi, cento assessori, cento piani regolatori non approvati. Pochissimi hanno tentato una diversificazione, il territorio è stato invaso da strade, stradine, case in ogni luogo e ovunque (quasi come Dio). Se un comune, mettiamo Uggiano la Chiesa, era bellissimo con il suo color tufaceo, ha approvato le nuove 167 con materiali allucinanti, da pezzenti maleducati.

2) I nuovi assessori provinciali e vari, sindaci, consiglieri del rione da 25 persone, devono aggiungere una nuova strada. Sono sempre gli stessi che da decenni fanno approvare il progetto e il finanziamento di una strada, stampano un euforico manifesto, e sono tranquilli: meritano la riconferma, qualcosa hanno fatto. Si, qualcosa hanno distrutto.

3) Se una strada larga significasse maggior turismo avremmo facilmente risolto tutti i nostri problemi. Mi sembra però che

Zollino o Galugnano non abbiano fatto un grande affare ad essere scavalcate da una quattro corsie. E Soleto poi, dovrebbe essere ormai ai vertici del turismo nazionale o del commercio internazionale visto che ha un'uscita Nord ed una Sud (dalla immaginifica strada a scorrimento veloce per Lecce che ha avuto finora l'unico pregio di far fare le scorribande, ogni sabato, alle moto superveloci).

4) Faccio cortesemente notare che invece Corfù, tanto per citare un'isola a noi conosciuta e dal clima simile, non ha nessuna autostrada, eppure è piena di turisti, anche italiani, da aprile a ottobre. Chi gira il mondo sa che strade larghe non significa grande richiamo (a volte invece è vero il contrario). Forse solo il mito americano ha necessità di strade larghe e larghe perché, poverini, non hanno davvero nient'altro da far vedere.

5) Vi sono strade nel nord-est italiano molto più trafficate della Maglie-Leuca, molto più strette, eppure fra le bestemmie, è riuscita a diventare la prima regione industrializzata d'Italia.

6) Alcuni lamentano l'eccessiva lentezza (e quindi multe, incidenti e varie). Eppure dal centro di Tricase a Maglie non impiego mai più di venti minuti, anche quando decido di rispettare rigorosamente la segnaletica stradale. Ma forse qualcuno pensa di poterla percorrere un giorno in 20 secondi netti, o forse pensa, capita a tutti, non è un reato, di essere nato nel posto sbagliato, proprio laggiù in uno dei culi del mondo.

7) Ampliare senza sentire alcuna esigenza di tipo culturale, significa distruggere una zona, quella del capo di Leuca, che potrebbe ancora essere recuperata ad una sua caratterizzazione, vissuta come una "diversità" cercata. Il fatto che la strada, partita da Milano, arrivi in un certo punto e si restringa, non è un fatto così grave, che nessuno riesca a vederci il bello di questo mi fa riflettere. Noi siamo ancora alla fase che vogliamo svestirci di noi stessi per essere… esattamente come tutti gli altri. Abbiamo paura di essere identificati, ancora una volta, mentre "diverso" si coniuga con interessante. Ma quando l'onda della demagogia e del populismo chiama mi rendo conto che è difficile resistere, anzi il cervello non aziona mai la retromarcia. Come possono

esistere tutti i questuanti del voto, cosa se ne fregano in fondo delle centinaia di muretti a secco e pajare da distruggere, di un ecosistema ormai allo stremo, di un panorama ormai uguale da Rimini a Leuca? Potrebbero pensare ad uno sviluppo diverso ma costa fatica, va contro il modello precostituito che qualcuno gli ha messo in testa e probabilmente non produce immediati consensi.

Ho da tempo perso ogni piccola fiducia nel popolo e nelle sue scelte e quindi mi diverto unicamente a combattere battaglie perse, mentre quelle facili vanno lasciate agli assessori di turno. Basterà piangere ancora un po' su noi stessi e ci concederanno la nostra bella strada, larga e comoda. Il turismo non se ne accorgerà e neanche noi.

Continua (se qualcuno s'arrabbia)…

"Il gallo" – Novembre 1999

L'abitabilità del condominio San Marco

La prima volta che Luigi De Sciurtis sentì parlare di abitabilità fu durante una riunione condominiale. Lui in Svizzera non aveva mai sentito questa parola, e poi ci abitava in quella casa e quindi per lui era già abitabile. E invece no: l'amministratore del condominio spiegò ai convenuti che il palazzo difettava di quest'ultima prassi burocratica affinchè fosse rilasciato il famigerato "certificato di abitabilità". Non è altro che la somma di tutte le documentazioni, da presentare al comune: eventuali varianti sopravvenute rispetto al progetto originale, certificati di prevenzione incendi, degli ascensori, degli impianti elettrici e quant'altro necessario alla perfetta agibilità dell'im-mobile nel suo complesso.

Questo succedeva quattro anni fa. A Luigi De Sciurtis sembrava una cosa facile, specie quando l'incarico fu dato dal condominio all'unanimità al geometra Saverio Mongedi, già direttore dei lavori del complesso immobiliare e poi suo grande amico, nonché condomino stesso.

Dopo quattro anni da quell'assemblea condominiale la pratica relativa all'abitabilità del condominio San Marco non è stata ancora presentata al Comune di Tricase. Nel frattempo è diventata però la principale occupazione di Luigi De Sciurtis. Lui, disoccupato cronico dopo il suo ritorno dalla Svizzera, ha molto tempo a disposizione e dopo l'ennesima assemblea durante la quale il geometra aveva detto che ancora non era pronto, lui era sbottato:
- *E va bene, d'ora in avanti ti seguo ogni giorno, finché non presenterai questa benedetta pratica.*

Tutti diedero il loro assenso. Io gli promisi una pizza e birra, altri addirittura soldi, pur di liberare il condominio tutto da una così sciagurata condizione di provvisorietà. La cessione di un'eventuale appartamento risultava più difficoltosa e certamente meno remunerativa con certi tipi di problemi. Tutti lo sapevano e un anno fa anche lui se ne rese conto: venne suo cognato e lo rimproverò che il suo appartamento non avesse ancora l'abitabilità. Sono passati

ormai sei mesi e la sua costanza ha avuto un piccolo premio: il geometra Saverio Mongedi ha finito i suoi progetti. Lui ha preso tutta la voluminosa documentazione e l'ha portata dall'amministratore del condominio. Sembrava fatta.
- *Ah no – esclamò l'amministratore – qui manca la specifica del geometra: io non presento niente al Comune finché non ho la specifica.*
- *Cos'è questa benedetta specifica?*
- *È la parcella del signor geometra, mio caro Luigi.*
- *Vuoi dire quanto si deve pagare?*
- *Si*
- *E va bene, qual è il problema? Dopo paghiamo*
- *No, dobbiamo avere immediatamente la sua specifica perché il signor geometra ci vorrà ricattare tutti, chiedendoci al momento opportuno una somma incredibile, che nessun condomino vorrà pagare e a quel punto tafferugli e problemi solo per me e la mia banca.*
- *Non credo, andrò dal geometra e farò fare questa specifica.*

Sono trascorsi sei mesi da quel colloquio, ma la famosa specifica non è arrivata. Ogni giorno va nell'ufficio del geometra, lo guarda e con aria supplichevole, piangente, gli chiede della specifica. E quello con una costanza pari solo a quella di Luigi risponde:
- *Adesso non ho tempo. Non ti preoccupare, domani la faccio. Anzi andiamo a prendere un caffè.*

Al bar del Popolo, il geometra prende un caffè e lui un mezzo San Marzano, benché dietro il bancone, sullo specchio, campeggi la scritta "non si servono mezze porzioni".

Al Mattino, Luigi De Sciurtis mi aspetta vicino al garage per parlarmi degli appostamenti del giorno precedente:
- *Quello lì è proprio un disgraziato. Mi ha preso in giro anche ieri. L'ho aspettato dalle quattro di pomeriggio fino alle sette e poi sono dovuto andare dalla mamma. Perché tu sai: meno male che c'è la mamma che prende due pensioni, una la dà a me perché faccio tutto e l'accudisco con amore vero, amore di figlio e non come quelle infermiere che vengono un minuto, si prendono i soldi e spariscono. Io devo andare due o tre volte al*

giorno e sto con lei e spero che stia sempre bene anche se adesso non può camminare perché è caduta dalla sedia quattro mesi fa e si è rotto pure il femore che si era già operato due anni fa e il dottore adesso ha detto che è meglio se non si opera di nuovo perché so io che significa operazioni specie qui in Italia giacché mia moglie è stata operata appena un anno fa e da allora soffre sempre e il dottore dice che è normale e poi io ogni giorno vado al dottore e gli chiedo se ha bisogno di qualcosa e lui ha sempre bisogno di riparare il telecomando del portone o la lavatrice e così io so che è meglio non operare anche la mamma che ha novantanni ed è sveglia e i dottori non li vuole vedere che se non era per me non voleva farsi manco le punture che il ticket soltanto so io quanto costa e non ho una lira neanche per un caffè perché con i soldi della Svizzera ho comprato questa casa e non riesco a mangiare ma almeno ho una casa e questo volevo quando sono stato vent'anni in Svizzera, però lì è un'altra cosa e la gente ti rispetta per quello che vali, non vedi una carta a terra neanche vicino ai bidoni della spazzatura e nessuno ti prendi in giro come il nostro geometra. Ti stavo dicendo che alle sette sono andato alla mamma e lui mi ha detto che è arrivato alle sette e un quarto.

Quando poi si incontrano, quasi sempre per caso, vicino al bar del Popolo, litigano sugli orari e sul perché non si sono incontrati e prendono un caffè e mezzo amaro di qualsiasi marca e misura, purché mezzo.
- Caro amministratore ti devo avvisare che non riesco a far fare la specifica a quel lazzarone di geometra.
- Lo sapevo e che cosa potevamo sperare?

Quello che Luigi De Sciurtis non vuole accettare è che si trova nel bel mezzo di uno scontro fra titani. Da una parte il geometra che non paga mai le sue quote condominiale e che conosce fin dall'inizio tutte le "carte" del condominio (e spera di sistemarsi con questa specifica), dall'altra l'esperto amministratore che sa tutto e non ama farsi uccellare dal buon geometra. Lui è semplicemente il grillo che ogni giorno ricorda il buon giorno, nessuno gli dà peso, tutti sanno che esiste. Se per due giorni il geometra non lo vede *addirittura lo chiama, suona il campanello, vieni che ti pago un caffè. Luigi non è un problema per il geometra. Qualcuno gli ha promesso trecentomilalire se riesce a pedinare il geometra finché questi non si stanca e, per asfissia, non riesca a scrivere quelle quattro righe che sono così importanti. Questa promessa ha portato la situazione su un livello d'inquietudine per tutti noi, costretti a sentire, a volte con soave pazienza, il resoconto delle sue giornate:*

\- *Scusa, ma ti sembra giusto che io stamattina sia dovuto andare a portare la mamma all'ospedale e poi l'ho lasciata lì e non so che cosa gli hanno detto, perché dovevo venire qui a controllare cosa fa il signorino geometra, che non vuole fare la carta dell'abitabilità? E poi se è possibile datemi quelle trecentomilalire, che le ho spese al bar e sono in debito e se lo sa mia moglie mi lascia e se ne va da sua madre, così io posso almeno guardarla in faccia quella povera donna che mi sopporta e siamo senza una lira, eppure io prima i soldi li tenevo e adesso non ho i soldi per giocarmi la schedina che almeno se vinco mando tutti affanculo e me ne vado almeno un mese in Svizzera a vedere di nuovo quelle montagne che ti danno la pace, non come qui che è una guerra con tutti, qua siamo bravi a chiedere i soldi e poi a lasciare andare le cose in rovina, come io ho detto all'amministratore che entra acqua nei garage e se continua così questo palazzo crolla, perché qua nessuno si occupa di niente, adesso vengo dall'idraulico a far controllare le pompe che c'è il calcare e non funzionano bene, si sforzano e l'acqua arriva su appena appena, perché io me ne intendo di tutte le cose meccaniche e anche per gli ascensori devo telefonare sempre io, quando c'è problemi, e l'amministratore si fotte i soldi ogni anno, ma l'anno prossimo all'assemblea glie lo dico che non è giusto che un disoccupato come me, che deve pensare alla mamma ammalata e alla moglie che neanche sta bene che meno male che conosco il dottore che l'ha visitata senza pagarsi e poi mi vuole bene il dottore perché io sono a disposizione di tutti e se mi dai in anticipo quei soldi io te li ridò sicuro perché la mamma aspetta gli arretrati della pensione di accompagnamento e quando arrivano mi devo pure* riparare la macchina che ha vent'anni.

\- No Luigi, facciamo così, impegnati col geometra e avrai le tue trecentomilalire.

Il geometra Saverio Mongedi, al limite di un'esplosione di rabbia, dopo un anno di attesa, ha preparato la sua specifica e l'ha consegnata a Luigi De Sciurtis, che trionfante, è andato immediatamente dall'amministratore del condominio San Marco.

2000

Se ti vedo
Se ti vedo: mi vedo.
Se mi vedi: ti vedo.
Se tu parli, c'è l'eco
e quest'eco sono io!

Se ti muovi: mi muovo.
Se ti senti: mi sento.
Se mi trovi, ti trovi...
Se mi trovo, sei tu.

Poesia scritta in napoletano dal grande Eduardo De Filippo, intorno al 1950. Da me tradotto per Stefania nel mese di maggio 2000 (Eduardo avrebbe compiuto cento anni)

Creare, non rinnovare

Caro direttore,
leggo con piacere "il Volantino" e mi congratulo per la nuova veste grafica e, soprattutto per la costanza dell'impegno, cosa che per esempio in me difetta. (Del resto ho sempre pensato che se si resta dilettanti, le cose bisogna farle per diletto).

Leggo ripetutamente, negli articoli da lei scritti o pubblicati, un costante richiamo alla politica dei valori, al ritorno della politica, e così via. C'è per esempio sull'ultimo numero un bel articolo di calcio di Antonio Turco che condivido in ogni parola, escluso la chiusura in cui lega la bellezza di un goal al sospirato momento in cui a Tricase *"ricomincerà a funzionare la politica"*. Lo stesso tono trovo nell'articolo di Donato Valli, tutto giocato sulla nostalgia dei bei tempo che furono per Tricase al centro di un mondo politico aperto, onesto e tenace, e madre di tanti concittadini famosi ed insostituibili.

Nonostante la stima mi dichiaro nettamente in disaccordo. Soprattutto non condivido il ritorno, questo richiamo di un qualcosa che è solo nell'immaginazione di qualcuno o dei tanti abituati a vedere le cose della loro gioventù sempre e comunque più belle. Quale bellezza della politica viene continuamente riecheggiata?

Per anni i politici di Tricase non hanno programmato niente. Né lo sviluppo del territorio, né quello turistico, né la conservazione o valorizzazione dei suoi paesaggi più belli. Quando il sindaco Cassati si rese conto agli inizi degli anni '60 che quel disordine avrebbe generato un mostro sociale, tentò di porvi rimedio ma le famiglie dei grandi elettori bloccarono il piano regolatore e idee troppo progressiste. (E Cassati non trovò di meglio che starsene zitto e governare il governabile). Hanno fatto intendere ai nostri contadini ed artigiani che l'unico modo per uscire dall'arretratezza era quella di avere un posto statale, distruggendo tutti i possibili sviluppi imprenditoriali. Hanno sistematicamente boicottato tecnici, ingegneri, uomini e donne che non fossero allineati e coperti con la morale cattolica e democristiana. (Adesso siamo tutti vittime della pubblicità berlusconiana e crediamo davvero che i comunisti fossero dei conniventi, ma a Tricase c'è chi ricorda ancora le discriminazioni umilianti nei confronti di quelle poche decine di persone che negli anni 50 e 60 osavano votare a sinistra). Tutti ricordano ancora le notti di lunghi coltelli fra le correnti democristiane, fatte di ricatti reciproci e dispetti perpetrati per anni, in nome di un semplice calcolo di potere e non certamente in nome del bene comune. Poi uscivano in strada, facevano il comizio, ci mettevano una citazione di Cicerone in latino, una in dialetto di papa Galiazzu e il popolo era felice. I risultati poi, economici, umani, politici e associativi sono sotto gli occhi di tutti.

E per assurdo questi risultati disastrosi e abominevoli stanno ancora bene ad una larga maggioranza di votanti, che era manipolata e ricattata prima e abbindolata oggi (come in una qualsiasi televendita). Quando qualcuno ha tentato strade nuove (magari già provate in Emilia o in Olanda) è stato deriso e massacrato dal bieco pettegolezzo, vera arma in mano ad abatini, sciacquini e portaborse, anima dei nostri politici. Su questi temi sarebbe bello un vero confronto storico, senza amnesie. Dire che Tricase è caduta in un torpore e rassegnazione solo negli ultimi anni significa voler attribuire eccessivi torti all'ultimo decennio e troppi crediti ad un'epoca che ha portato anche tanta ignoranza.

Continuando a richiamare un ritorno alla politica del passato facciamo due cattivi servizi: falsiamo la realtà storica e allontaniamo ulteriormente chi voglia avvicinarsi con umiltà e migliorare il proprio paese. Meglio sarebbe richiamare l'attenzione sulle nuove spinte, sulle nuove opportunità offerte dalla velocizzazione delle idee, sui nuovi "conflitti" mondiali aperti da un genere umano che in trenta anni si è raddoppiato senza risolvere nessun problema fondamentale, sulla reale possibilità di creare associazioni per ideali alti, fra la gente che voglia non "rinnovare" la POLITICA a Tricase ma CREARLA, semplicemente perché prima non c'è stata, non c'è adesso.

"Il Volantino" – Maggio 2000

A don Eugenio

Non volevo mancare a questo appuntamento con la storia, di questo sabato 10 giugno 2000, con questo addio alle armi di don Eugenio Licchetta.

Spero di non essere l'unico a festeggiarlo in questo momento, fra le migliaia di studenti che l'hanno sopportato fin dagli anni '60. Ero fra quelli dei primi anni 70, quelli delle contestazioni, delle occupazioni, del divorzio e del-l'aborto. Queste discussioni, franche, aperte, con i giornali in mano, senza tener conto delle televisioni.

Spero che molti altri come me si ricordino di quell'esser dello Scientifico di Tricase, che faceva per tutto il basso Salento da palestra politica e sociale. E tu, caro don Eugenio non davi molta importanza che qualcuno di noi si dichiarasse "non credente": del resto tu non eri, non sei, il prete di campagna, eternamente sermoneggiante, controcorrente? Non sei il prete del dubbio, antico e moderno, della carità senza pubblicità, dell'aiuto con una piccola bestemmia? Con te che vai in pensione si sfoca ancora di più quell'immagine dello Scientifico di tanti anni fa, ma forse lo spirito (gli infinitesimi atti molecolari, direi io) non muore mai ed ogni cosa permane sempre di qualcosa. Sicuramente quel telefono della segreteria conoscerà per sempre quel tuo ditone da prete: da qui hai organizzato gite, visite alle più diverse sedi istituzionali di mezzo mondo, dibattiti e cene, tenuto collegamenti con tutti (sindaci, vescovi, onorevoli e quant'altro fosse buono per fare).

Oh!... quel telefono: dovevano mettertene uno ogni classe e farti fare quello che volevi, che dovevi: l'avresti fatto un po' per divertirti, ma soprattutto per noi.

Adesso però basta con i ricordi e i rimpianti: non sei morto per fortuna, sei solo andato in pensione da un lavoro, non dalla vita.

E così, come sei ancora in grado di fare i tuffi, immersioni e frutti di mare, spero continuerai a romperci di tanto in tanto e fare in modo tale che ci sia qualche cosa altra che abbia senso, oltre ai soldi.

Liceo Scientifico Tricase – Giugno 2000

Muretto, per non piangere più

Ho quarantadue anni, faccio foto da quando ne avevo tredici, soggetto preferito: Tricase Porto.

Questi brevi appunti sono frutto dello sguardo fotografico degli ultimi trenta anni, uno sguardo semplicemente amatoriale.

Posso affermare senza temere di essere smentito che negli ultimi trenta anni Tricase Porto è stata degradata ogni qual volta è stata toccata da privati, dal Comune o dalla Provincia, Anas e quant'altro. Nessuno di questi interventi devastanti ha avuto almeno la giustificazione di nuovi servizi, nuovi posti-letto, nuovi occupati (non è caratteristica come un'isola greca, non è efficiente come un porto inglese, non cerca mai una sua identità).

Quei duecento metri che vanno dalla "*rotonda*" fino alla spiaggetta del porto sono da raccontare.

- la nuova rotonda è una grande tetta di cemento, peggio di quelle siliconate che si vedono nei films; quei quattro giochi potevano trovare posto nella vecchia rotonda in pietra arenaria;
- c'è l'abbozzo in cemento di uno sciagurato ampliamento della sede stradale; quelle colonne rimarranno lì almeno altri venti anni senza che nessuno si scandalizzi;
- è stato ampliato il porto creando una bagnarola per natanti da "boy-scout";
- a causa di uno scempio inutile sono state distrutte le famose "*taiate*" dove i nostri antenati avevano prima ricavato i tufi per le loro case, poi lavorato le pelli e dove era bello imparare a nuotare o stare a bagnarola;
- abbiamo, in compenso, una orrenda gru di stampo transoceanico, che lavora circa 12 ore l'anno;
- i nuovi uffici della capitaneria di porto sono un inno allo squallore e al cattivo uso dei materiali, soprattutto quelli utilizzati per le rifiniture e per gli infissi;
- il ristorante "*il porto*" ha una sopraelevazione in alluminio bianco e altro materiale inguardabile;
- il castello rosso posto sulla spiaggetta ha balconi ricoperti da

tettoie in alluminio, in perfetto dispregio del-l'estetica: eppure non mi risulta che tale casa sia abitata più di 30-40 giorni l'anno;
- "*l'albergo*" che sorge sul porto in proprietà Sauli è da tempo un rudere in cerca d'autore: qualcuno che ne racconti la sua vera storia;
- la discesa alla spiaggetta è una sconcertante colata di cemento e anche quel poco di sabbia che porta il mare è delimitata da un pericolosissimo cordone in cemento;
- i bar e i negozi si sono ammodernati con vari gusti, essenzialmente con materiali di Sassuolo, che come ben sappiamo è una frazione di Tricase (verso Lucugnano);
- il muretto in tufi arenari è stato inutilmente sostituito da un muretto in cemento, rivestito da chissà quale pietra, per ampliare la passeggiata di circa 80 cm; per realiz-zare questa portentosa opera architettonica è stata danneggiato il sottofondo stradale che era pieno di piccole e grandi cisterne e sistemi di deflusso delle acque piovane, oltre che costituito da materiale di risulta com-pattato alla fine dell'Ottocento. Il 23 maggio 2000, al primo acquazzone, si è aperta una voragine di notevoli dimensioni di cui tutti hanno parlato.

(Non vorrei prendermi molti meriti, ma uno almeno ce l'ho: nel Luglio 1981 scrissi un articolo per *Nuove Opinioni* intitolato "*Il muretto ovvero il pianto*" e da allora fu per tutti il Muretto del pianto. Don Tonino Bello che all'epoca era il parroco di Tricase e cercava di correggere la mia consueta tirata blasfema mi disse che in fondo potevo essere un po' più buono e considerare semplicemente quel posto come il posto eletto dai giovani per i loro incontri.

Forse aveva ragione e forse no, ma intanto anche quel muretto è stato spazzato via da questa furia chiamata ignoranza…)

Senza voler dire niente di tecnico e niente di politico vorrei rivolgere un solo invito ai politici e tecnici: non lavorate molto di fantasia, non abbiate la frenesia di fare qualcosa per Tricase Porto, lasciate le cose così come stanno finché non si decide davvero cosa fare.

"Il Volantino" – Giugno 2000

Amatori calcio

Ad un certo punto smisi di giocare a calcio. La nausea era arrivata al colmo, avevo iniziato nel 1971 con le giovanili del Tricase e smisi con il Tutino nel giugno del 1993. In mezzo ci sono stati tanti coinvolgimenti totali, con anni passati dentro un campo di calcio, a giocare e contemporaneamente ad allenare i giovani. Tutti i giorni.

Quando smisi non toccai il pallone per almeno sei mesi, era una vera e propria cura disintossicante. Mi resi conto di quante cose, che pure mi piacevano, avessi trascurato, o fatto con approssimazione. Cominciai a leggere di più, a riordinare le mie fotografie, ad approcciarmi al computer, ad interessarmi attivamente di politica. Per sei lunghi anni ho fatto, in estate, qualche partita di calcetto, le gambe mi facevano sempre più male, causa la vita sedentaria e sicuramente il peso corporeo che cominciò col superare gli ottanta per avvicinarsi pericolosamente ai novanta.

Poi mi accorsi che tutti i miei allievi degli anni ottanta avevano superato la trentina ed erano ormai buoni per il campionato "Amatori". Alcuni di loro insistevano perché tornassi a giocare, ma sinceramente non capivo come potessi rimettermi scarpe e maglietta con quella pancia, senza fiato, sbalzi di pressione, dolore ai polpacci, al tendine d'Achille, al femorale sinistro, perennemente contratto dal primo serio infortunio, a vent'anni.

Spinto da Michele Dell'Abate, Roberto Zocco, il gommista e da Rocco Errico, detto Pechico, andai a vedere: pensavo con spirito scanzonato di mettermi col pallone a battere due punizioni, fare un giro di campo e poi la doccia, due risate e un aperitivo con gli amici. Il calcio come scusa per rivederci e ridere un po'.

Niente di più sbagliato, non avevo fatto i conti con il nostro allenatore, Salvatore Cazzato, detto Moviola. Per lui una partita di calcio non cambia, dalla Coppa dei Campioni agli Amatori. Avevamo giocato insieme negli anni '80, e me lo ricordavo un forte centrale difensivo, attento e tecnico, magari un po' lento (in alcuni casi come la moviola), certamente uno di quelli che avrebbe potuto giocare a livelli più alti. Da sempre ha fatto solo il calciatore e poi l'allenatore: quest'anno è libero, senza una squadra, ma nessun altro lavoro gli si addice.

Fin dal primo giorno non mi ha riservato nessun trattamento di favore: correre, correre, stretching, salti, scatti, ripetute cronometrate sui duecento, sui quattrocento, sui mille, i miei polpacci che scoppiavano, le mie ginocchia che scricchiolavano per portare a spasso tutto quel peso. Al terzo giorno volevo abbandonare: dolore e fatica per una partita fra anziani signori con la pancia mi sembrava un po' troppo.

- Smidollati da quattro soldi, giocatori di tressette, vi volete muovere?

E noi tutti zitti, in silenzio, a soffrire come il ragazzino che deve conquistarsi il posto in squadra, prima con il comportamento e poi con i piedi.

Una volta mi fermai e gli dissi:

- Scusa, ma non ce la faccio proprio, penso che devo andare a farmi vedere da qualche medico

- Ma che medico e medico, fai un altro giro, dieci minuti di allungamento e poi la partitella e vedrai che con il pallone ti passa tutto.

Il segretario-presidente Luigi Mastria mi guardava e rideva sotto i baffi, Gustavo Musio, detto Paparina, si sfotteva da solo con i suoi quarantottoanni, mentre Giampiero Marra bestemmiava come un forsennato, gli altri correva-no davvero. La storia era ormai una sfida a tre: il mio fisico, io e Moviola. Segretamente andavo al fisioterapista quasi tutti i giorni, intanto iniziava il campionato e cominciai a giocare davvero, riassaporando tutti gli stessi odori, identici perché Moviola te li faceva vivere allo stesso modo: arrivo al campo con larghissimo anticipo, passeggiata sul terreno di gioco, massaggi, silenzio da concentrazione, schemi di gioco, tattiche e tanti vaffanculo. Ogni goal sbagliato era un dramma per Moviola e che litigate sulle punizioni di Rocco Errico che fintava il cross e tirava sempre in porta, da qualsiasi posizione. Se sbagliavo due passaggi di seguito, gridava a tutta voce:

- *E dai, stai attento, con questi piedi. Muoviti, copri al centro e pressa il primo portatore di palla.*

La sua serietà, la sua grinta, il suo modo di volere la perfezione calcistica, erano talmente evidenti, a volte maniacali, da imbarazzare anche gli avversari.

Insomma fino alla primavera fu una grande sofferenza, ma non volevo più mollare: ero dimagrito, cominciavo a correre. Poi cominciai a calciare meglio e a fare qualche gol. Eravamo in testa al campionato e poi lo vincemmo. Dovevamo fare le finali provinciali e lì cominciò a subentrare quell'aria da immortale padreterno calcistico che poi ti fa male: vincevamo anche le finali. Mi sentivo come un highlander che torna in battaglia quando vuole, un moschettiere venti anni dopo, un tale fuoriclasse mancato che bastava la presenza per ispirare le giuste geometrie e strani magnetismi.

Preparavamo la finale come i ragazzi del Mundial '82, eravamo coscienti della nostra forza. Al primo scatto mi procurai una contrattura al femorale sinistro, perdemmo la finalissima, in un caldo pomeriggio di giugno.

Abbiamo perso, ma io ho ritrovato il football senza connessioni, senza pubblico, il calcio-bambino, con un Moviola che andrebbe pagato per rimanere com'è.

2000

Arrivederci

Oggi, anno 2000 secondo il nostro calendario convenzionale o a circa 4 miliardi di anni dalla formazione della terra e a 3 milioni dalla prima impronta dell'uomo, le mie figlie comunicano con le loro amiche attraverso gli "squilli" di un aggeggio chiamato telefonino. Attenzione, non parlano, si squillano. oltre a risparmiare lo ritengono più che sufficiente per dirsi "ti penso" e poi non hanno molto altro da dirsi. Se chiedo a loro, studentesse delle scuole superiori, cosa significhi la riunione dei G7 mi rispondono in maniera fantasiosa e mai pensano che sia l'incontro che periodicamente tengono i rappresentanti delle sette nazioni più sviluppate della terra. Davvero non so se è meglio così o quando frequentavo io il liceo scientifico ed eravamo tutti politicizzati, impegnati e pronti ad incazzarci per ogni cosa che ci sembrava non andasse verso una giustizia universale. Non lo so davvero perché quella comunque è stata una breve fase della nostra vita, così come i professori universitari del ventennio fascista erano quasi tutti fascisti, così come durante l'età vittoriana il sesso non esisteva e come nel Seicento si bruciavano donne definite streghe, per un motivo qualsiasi. Prima riuscivo a dare giudizi di merito con maggiore precisione, oggi sento di dover concedere molte sospensive. Forse non serve neanche approfondire, basta aspettare un po' e vedere che succede, se questa definizione di vita è attuale oppure va aggiornata di continuo e quindi classificabile.
Il disimpegno dei ragazzi di oggi ha una sua reale giustificazione: il mondo, inteso come agglomerato di miliardi di essere viventi non sta migliorando. Le povertà sono aumentate, le illusioni romantiche di poter incidere su fatti di macroeconomia sono un ricordo del passato, l'equilibrio ecologico è a rischio. È difficile poter vivere sapendo delle morti per fame o dei bambini schiavizzati e uccisi, delle esecuzioni per furore religioso o politico, è meglio rimuovere e vivere nel proprio orticello, fatto di piccole cose alla moda, che cambiano ogni mese. Ci sarebbero delle utopie realistiche che sarebbe ancora bello condividere con altri amici, con altri popoli: eliminazione programmata di tutti gli eserciti e di tutti i passaporti, per esempio. Prima c'erano dei gruppo che ne

parlavano, avanguardie di intellettuali e studenti, oggi ci vergogniamo solo a pensarlo. Il Papa non lo dice mai, nessun capo di religioni nel mondo lo dice mai: eppure non dovrebbe essere un fine da perseguire, un valore da insegnare ai ragazzi che vanno a scuola? L'impossibilità di insegnare questo è deprimente: ma se uno lo facesse in via autonoma rischierebbe di creare dei disadattati, degli sciocchi additati come alieni. Oppure siamo rassegnati all'idea che l'uomo abbia addosso una specie di maledizione iniziatica per cui deve essere sempre in guerra, che la guerra è l'unica via del miglioramento? Eppure provate ad immaginare quale vera rivoluzione inizierebbe se gli uomini più potenti della terra decidessero una cosa del genere. Avrebbe un impatto diverso rispetto all'introduzione di una nuova moneta chiamata euro.

Tricase non crea molti stimoli ma credo che ormai gli stimoli provengano dall'esterno, dalle nuove comunicazioni, tipo Internet, dai bisogni creati dalla tv in quel momento. Il mondo dei prossimi anni sarà un mondo pieno di novità tecnologiche e scadente dal punto di vista delle idee sull'uomo. Trovare un ragazzo che avrà piacere di leggere le idee di un altro sarà sempre più difficile. Ma ripeto un concetto: non dobbiamo segnalare tutto questo come qualcosa di estremamente negativo. Potrebbe essere una naturale evoluzione che porterà verso qualcosa di meglio, appena magari ci renderemo davvero conto delle cose e le guarderemo in faccia e le chiameremo per nome. Operazione apparentemente semplice: eppure resa complessa da una memoria biologica e da una memoria storica. Mi immagino questo nostro popolo qualche decina di mila anni fa: un clima complesso da intrepretare, lotta con tutti gli elementi naturali e con animale di varie dimensioni, soli, nella loro vita quotidiana. E poi i nostri avi di appena qualche secolo fa: poverissimi, ignoranti, pieni di paure, sempre col capo chino. La religione usata come clava. Atti di coraggio, pochi.

Ecco una nostra utilità: provare e riprovare, con le nostre energie quotidiane, a traghettare qualcuno verso un mondo meno pauroso, e dove ci sia più rispetto. È importante non abbandonarsi al pessimismo più sfrenato, al senso di inutilità di tutto e lavorare su tempo lunghi, fra lo storico e il biologico.

2000

INDICE